第三帝国

闪电战

美国时代生活编辑部 / 编

莫竹芩 / 译

修订本

海南出版社

·海口·

目　录

附　文

致读者

首先应当承认，本书的策划并非出自我本人的想法。

事实上，当一小批时代生活图书公司的编辑和作者开始极力主张推出这样一个系列的时候，我的第一反应是："有关第三帝国的话题难道还能有什么新意吗？"

可是，当前往柏林、华盛顿和莫斯科的采访人员逐步发回他们的稿件——私人珍藏的回忆录和相册堆满了我的办公桌——目击者的记录和官方秘藏的文件被一一发掘出来之后，我觉得我的疑问已经找到了最好的答案。

我们正在接近一项重大的成果：对纳粹统治下的德国的一个全新的认识——从第三帝国的内部来解剖它。

本系列共有21本。每一本都向您展示了第一手的私人记录、从未发表过的照片、亲历者的回忆录和新解密的官方档案。它们恰如一幅徐徐展开的巨型画卷，将您带回那腥风血雨的黑暗时代，让您仿佛置身于喧嚣狂热的柏林、遍地瓦砾的华沙、燃烧的斯大林格勒、沙尘滚滚的北非，恍如走进了令人不寒而栗的集中营、党卫队的秘密会议室、希特勒的办公室、他的书房和卧室，甚至把握到他的思想动态。每一本都有一个中心主题，整个系列连起来则构成了迄今为止最完整、最细致的"第三帝国史"。

这就是我们所做的工作，让真实的历史说话。

时代生活编辑部主编乔·沃尔

德国入侵当天的早晨，轰炸机掠过丹麦的阿马林堡宫。克里斯蒂安国王随后投降，使皇宫和整个国家幸免于难。

代价高昂的北部占领区

1940年春天，阿道夫·希特勒征服波兰6个月后，又开始准备发动战争。他的第一个行动就是同时袭击丹麦和挪威。他堂而皇之地称之为“战争史上最大胆、最无礼”的行动。这次行动因部分袭击行动取道威悉河而代号为“威悉演习”。行动召集了10万人的部队、71艘战船和28艘潜水艇，这几乎是德国人可以征集到的所有船只。

4月9日，丹麦人一觉醒来，就听见了德国飞机不祥的轰鸣声。飞机掠过皇宫（左图），4点钟的时候，国王克里斯蒂安十世收到了无条件投降的最后通牒。拂晓之前，德国轰炸机破坏了丹麦最重要的飞机场，德国海军袭击了哥本哈根港口，一支德国部队插入日德兰半岛。随后，丹麦投降。但对于挪威（下图中有6个地方遭到袭击），考验才刚刚开始。

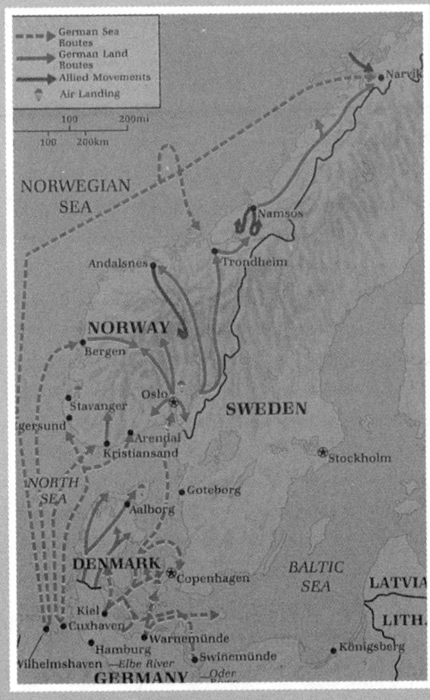

挪威峡湾的地狱

德国需要挪威的海港，特别是奥斯陆、卑尔根、特隆赫姆和纳尔维克。海军总司令埃里克·雷德尔向希特勒一再重申，他需要这些北海基地，它们既可以当作防备英国的跳板，又可以防止他的舰队在波罗的海陷入困境。颇有讽刺意味的是，大不列颠海军大臣温斯顿·丘吉尔也认为，为了英国的安全，需要打破挪威的中立。1940年4月8日，皇家海军暗中破坏了有铁路通往瑞典铁矿区的纳尔维克一带的水域。

第二天清晨，希特勒部署纳粹空军运输机和海军特遣部队沿着多山的海岸着陆。他们的警告仅仅发出数小时，挪威人就开始了反击。当海军上将奥斯卡·库梅茨的15只船沿着峡湾驶向奥斯陆的时候，遭到了岸上炮兵的炮火攻击，旗舰布吕歇尔号被击沉，1000名官兵阵亡。

13000吨重的德国巡洋舰布吕歇尔号在炮火之下，沉没于挪威首都以南15英里的奥斯陆峡湾。幸存者被挪威人俘虏，但几小时后又被德国登陆部队解救出来。

海空打击

同时出击两个相距1000英里的目标——哥本哈根和纳尔维克——实在是冒险，希特勒警告威悉演习总司令尼克拉斯·冯·法尔肯霍斯特，威悉演习的成败取决于“行动大胆，速度惊人”。法尔肯霍斯特的联合袭击部队的反应之快甚至出乎希特勒的预料。4月9日夜幕降临之时，丹麦和挪威的每个重要港口都落入了德国人的手中。

这次袭击充分显示了军队内部的通力合作。希特勒没有把首批部队交付给缓慢而多变的运输工具，却用快速移动的战舰运送。空军从空中为着陆

行动提供保护，空降伞兵还袭击了固若金汤的挪威军用机场。行动的第二天，补给和增援部队就由空中和海上进入了正在延伸的德国阵地（下图）。

为了替挪威人拼命争取时间，英国皇家海军向袭击舰队发动了猛烈攻击。4月10日一早，15架贼鸥式战斗轰炸机击中了德国巡洋舰柯尼斯堡号。这艘巡洋舰在占领卑尔根港湾时就已经遭到挪威海岸炮兵的破坏。被击中后，柯尼斯堡号着火，随后沉没，成为第一艘被敌国空军毁坏的主要战舰。

然而，挪威人情愿承担袭击的主要压力。皇室成员和政府领导人比侵略军先一步撤出奥斯陆，发誓他们的优势部队将“抵抗到底”。

一名德国机关枪手在奥斯陆港码头站岗，在那里，运输机正卸下第163步兵师。一周内，另外两个师抵达那里增援德国部队。

4月雪天的艰难行进

挪威人不认输，德国部队只好把农村地区置于血雨腥风之下。零零星星的抵抗活动仍在暗中进行。从奥斯陆四散开来的德国人和占据了其他海港的部队集结起来，在冰雪中艰难行进。他们时常被挪威抵抗组织设置的路障所阻隔，但侵略者用斯图卡式轰炸机造成的所谓阻击火网或称空袭，摧毁抵抗者的阵地，然后在装甲部队的掩护下稳步前进。

4月中旬，来自德国人

占领下的最北端的两个海港特隆赫姆和纳尔维克的联合抵抗使这支部队的任务日趋艰巨。英国人在纳尔维克破坏了德国战舰之后，盟军2.5万人的部队在港口附近登陆，小分队则在特隆赫姆两岸登陆。

德国人迅速转移，迎击盟军，他们得益于一支在战地上空所向披靡的空军部队。到了5月1日，盟军只得撤出炮兵部队，留下纳尔维克听天由命。

坦克的表面覆盖着装甲，炮塔上装有两挺机枪。挪威中部春雪覆盖的一条大路上，德国步兵们在小心翼翼地前进。

纳尔维克的潮湿墓地

对侵略军最有效的反击来自皇家海军。4月10日，在位于北极圈以北124英里的无冰港口纳尔维克，5艘英国驱逐舰突袭了一支由10艘驱逐舰护卫的德国特遣部队。在重重迷雾之下，英国人击沉了两艘驱逐舰，重创了其余3艘，把几乎所有的德国补给船送到了峡湾的水底，只有一艘幸免。

3天后，英国的小型增援舰队又开始了战斗，其中包括炮舰沃斯派特号和9艘驱逐舰。势单力薄的德国人在狭窄的水面上发动了一场希望渺茫的战役。当夜幕降临时，只剩一艘德国船只还浮在水面。

英、法、波兰部队在纳尔维克抗击由希特勒喜爱的将军爱德华·迪特尔领导的山地军团。皇家海军的猛烈进攻为那里的陆地战开辟了路线。5月下旬，盟军占领了纳尔维克，但6月份又放弃了，只因其他地方的溃退使得占据这个偏远港口的代价过于高昂。德国人没有什么庆祝胜利的借口，胜利令他们损失了一半以上的舰队。

右图，一艘德国驱逐舰的残壳上，看得见纳粹卐字标记。纳尔维克附近峡湾的德国海军损失了1/10。下图，许多德国船只都抛锚了。幸存下来的则全部搁浅，船员四散，逃到了山上。

1. 暴风骤雨

1940 年 5 月 9 日星期四下午将近 5 点，阿道夫 · 希特勒在柏林郊外的一个小站登上了一列特别列车。绝大多数随从都以为他们的目的地是汉堡。希特勒表面上计划第二天视察那里的一所造船厂。行进到全部路程 2/3 的时候，列车突然向西南方向拐去。在汉诺威，希特勒的首席气象学家不再接收气象总结报告。天气预计晴好，9 点钟，他命令副官发送密码“但泽”（Danzig），意思是次日起程。

希特勒早早地躺在普式列车的卧铺上，辗转反侧，他担心着天气。破晓时分，离德国与比利时边界线 25 英里处的奥伊斯基兴，他和手下离开列车，驱车 12 英里前往他在西部的新指挥部，这是一个从树木繁茂的海角上炸出来的掩体。他给这个斯巴达式的建筑取了一个浪漫的名字——石堡。

星期五早晨 5 点，希特勒才到达那里，他几乎暴跳如雷，因为破晓就在 5：16，比预报的早了 15 分钟。可是，一旦朝阳升起，他的怒火完全熄灭了。天气可人，惊人的景观展现在他的眼前。头顶上，轰炸机、战斗机和运输机轰鸣着掠过万里晴空。盘山公路上，可以瞥见饰有十字纹章的坦克和身着灰绿色外衣的步兵团在蜿蜒前行。

1940 年 5 月 10 日，德国入侵荷兰这个低地国家的头几个小时，德国袭击部队划着橡皮筏子渡过马斯河。遥远的对岸，荷兰人的家园在熊熊燃烧。

闪电战前夜的欧洲

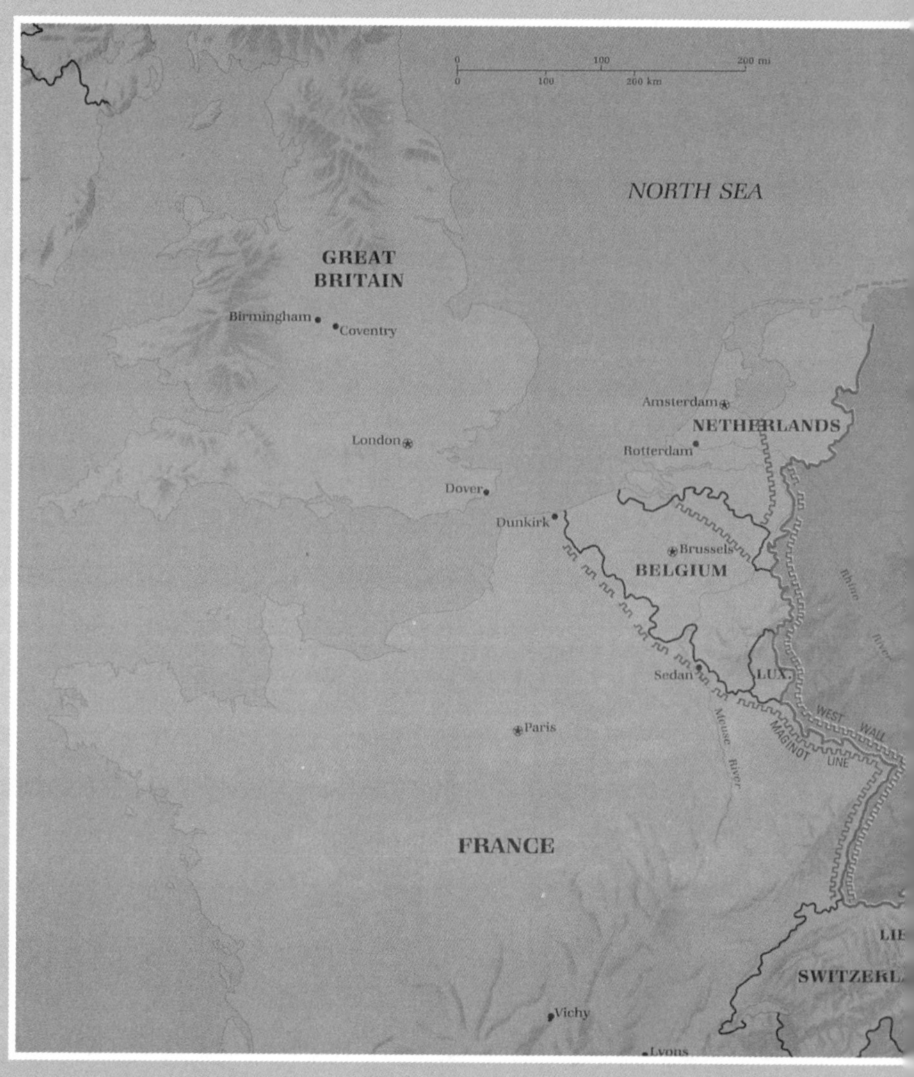

……：1938 年以前的德国版图
——：1940 年 3 月的帝国版图

1940 年 5 月上旬，阿道夫·希特勒实现了诸多外交政策目标。他使大多数讲德语的欧洲人都回到了帝国的怀抱。波兰很快被征服；奥地利被吞噬；

捷克斯洛伐克被肢解。苏台德变成了德国的一部分；波西米亚和摩拉维亚成了纳粹的保护国；斯洛伐克独立了。希特勒现在希望打垮英法两国，好为1918年德国的败仗报仇，并且为实现他的终极野心——为德国人在东方扩展生存空间——扫清障碍。

现在是早晨5：35，在南北长300英里的前线，希特勒的军团向西川流不息。纳粹国防军突破了荷兰、比利时和卢森堡的边界，粉碎了来之不易的和平。英国人称之为“佯攻”，对于德国人来说，是“对峙战”或“sit-down war”。侵略波兰8个月后，希特勒又把西欧当作新的战争靶子，发动了业已给东欧造成毁灭性打击的奇袭战——闪电战。

深深嵌入地里的铁栏杆形成了马其诺防线上的一道反坦克路障。军士参谋们期待250英里长的要塞固若金汤，法国的安全系于此。

希特勒急于在西部发动进攻，他在华沙投降的那一天就开始做准备。1939年9月27日，波兰首都投降后的几个小时内，他召集最高指挥官，命令他们草拟一个行动计划。他先是计划在11月25日发动进攻，后来又不耐烦地把日期提前到11月12日。

这次行动计划有双重目的。一个是希特勒15年前在《我的奋斗》中声明过的，征服德国的宿敌——法国。这将保护他在西边的军队侧翼，使他得以腾出部队，去实现侵略苏联的夙愿。当前他和苏联还是互相利用的盟友。另一个目的是他想在英吉利海峡获得一块基地，从那里胁迫英国就范。为了达到目的，他必须攻打3个曾宣布中立的邻国：比利时、荷兰、卢森堡。征服这3个小国还可以使德国脆弱的工业中心鲁尔缓一口气，避开盟国的可能入侵。

受托执行计划进攻西线的部队在犹豫，由一贯俯首听命的布劳希奇领导的最高统帅部反对希特勒的主张。起程日期11月12日很快过去了，一些将军不愿破

坏和平邻国的中立，但现实的考虑令他们更为困扰。

在波兰，不到 4 周的时间里，纳粹国防军损失了 100 万人。行动暴露了大量战术上和技术上的薄弱之处。例如，行军中松弛的纪律导致了交通混乱，徒然浪费了时间；一半的德国坦克发生了机械故障，陷于瘫痪；步兵团和装甲兵的协调不容乐观，炮兵部队的补给时常匮乏。不等和法国军队展开较量，英国的远征军就占据了欧洲最多的领土，并且还在扩张中。希特勒的将军们还想争取更多时间训练部队，补充补给。即刻发动进攻的前景令希特勒的一小撮最高官员胆战心惊，他们甚至讨论过免去希特勒职务的可能性。

这种反叛性的谈话和许多将军的抗议于11月23日宣告结束。那一天，希特勒把海陆空三军近200名高级指挥官招到柏林的总理府。在长达3小时的长篇大论中，他猛烈抨击怀疑者，提醒他们究竟谁是头儿。无奈之下，布劳希奇提交了辞呈，但遭到了希特勒的拒绝。

元首措辞激烈的演说对改善令人沮丧的行动计划收效甚微。行动代号为Fall Gelb（黄盒），要招募3支部队。最南端的C集团军沿法国边界——250英里长的马其诺防线——驻扎下来。马其诺防线的城墙由混凝土制成，厚达10英尺，设有炮台，每一个宽敞的地下堡垒都可以容纳1200名士兵，因此，马其诺防线被认为牢不可破。C集团军的任务是佯攻，阻止法国部队把这条线上的大批移动储备队换到别的前线去。

征服波兰之后，陆军少将冯·曼施坦因在赫普纳将军身边，等候与元首握手。曼施坦因旋即向希特勒陈述了他的西部进攻计划。

与此同时，A 集团军穿过卢森堡和比利时南部的阿登森林，进入法国，作为进攻主力的北部地区的 B 集团军将采取重点突破战术，向西穿过荷兰和比利时北部，直插英吉利海峡。

希特勒和许多将军都觉得这个计划不甚吉利。它几乎不容纳粹国防军采用在波兰大获全胜的闪电战术。在波兰，精锐的坦克部队、摩托化步兵团、移动炮兵团得到了斯图卡式轰炸机的支持，旋即突破了稀疏的防线。装甲兵冲进来，拉大了豁口，使常规步兵团得以如潮水般涌入。但按照黄盒行动，A 集团军的重点突破将几乎肯定撞上进入比利时的英法主力部队，前线冲突在所难免。这个计划不但代价高昂，而且成败难以把握，这正是希特勒所惧怕的。即使盟军撤回去，也可以沿着索姆河伸进法国北部，把德国人锁起来，使他们陷入和第一次世界大战一样的僵局。

天气和一次反常事件救了希特勒。10 年来欧洲最冷的冬天困住了德国空军，坦克也陷入瘫痪，计划被迫一再延迟。接着，1940 年 1 月 10 日，黄盒计划部署一周后，一架德国飞机在穿越比利时边界的浓雾时迷了路，飞机紧急迫降。机上有一名军官乘客，他违反命令携带了装满文件的公文包，文件详述了德国的侵略计划。军官被监禁之前，发疯般地想把这些罪恶的文件付之一炬，但他没能烧成。比利时军官迅速和法国人分享了这笔意外的信息财富，因为一旦北部邻国受到攻击，法国有责任干预。

秘密文件证实了法国人的猜测。德国的攻击主力将发自低地国家。68 岁的法国总司令甘末林将军针锋相对，制订出 D 计划，该计划因召集英法部队行军至比利时的戴勒河而得名。所谓戴勒线，是从安特卫普向南延伸到默兹河畔的比利时小镇迪南。甘末林将军审阅过被捕获的文件后，做出了一个要命的决定：把戴勒线的左翼向北延长到荷兰的布雷达镇，增加盟军人员，并保证不把他们从 19 个师分成 30 个师。

希特勒对入侵计划的安全性受到威胁感到灰心丧气，他下令起草“既保密又惊人”的新计划，连元首都不知晓的情况下，一个大胆的蓝图业已存在。这是陆军少将曼施坦因的杰作。他是声名显赫的战略家，52 岁年纪，长了一张鹰脸。他后来在伦德施泰特将军的 A 集团军担任总参谋。曼施坦因的计划保留了 C 集团军的任务——在马其诺防线牵制守军的力量——但将 A、B 集团军任务的重要性颠倒过来，以配合希特勒所要求的闪电战方针。

曼施坦因计划将进攻的主力从北部的 B 集团军转移到伦德施泰特领导的 A 集团军来。他们驻扎在阿登高原旁。在林木繁盛的高地上，坦克群无用武之地，但在装甲精锐部队的引导下，A 集团军可以迅雷之势渗透进去，然后突破色当镇附近的默兹河上薄弱的法国防线，向西直奔英吉利海峡。B 集团军的先遣部队则向盟军步

德国的胜利蓝图

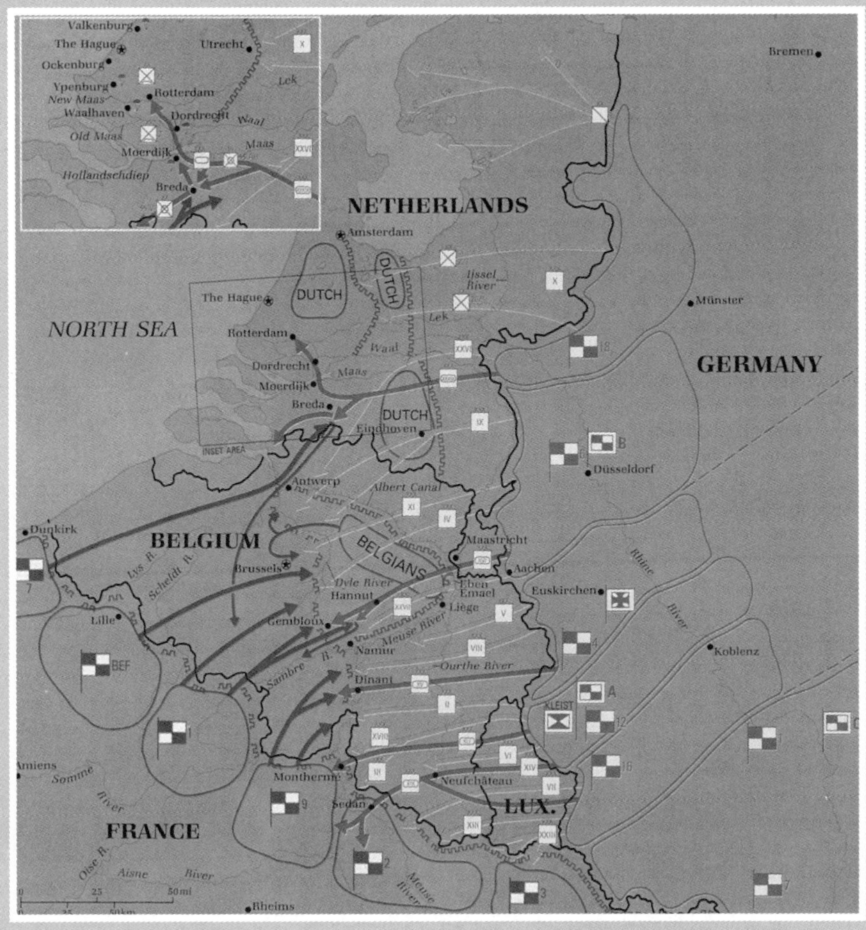

从 1940 年 5 月 10 日到 14 日，镰刀计划出台以来，德国部队和盟军的动向。左方箭头代表盟军，右方箭头代表为德军。C 集团军仍然在马其诺防线对峙；B 集团军袭击比利时和荷兰，诱使英国远征军和法国第 1、第 7、第 9 军进入比利时。插入部分详细说明了在海牙和鹿特丹周围打响的战役。降落伞标志说明了德国空降部队的着陆点。袭击部队主力 A 集团军在 7 个装甲师先头部队的带领下，穿过了阿登高原，跨过了迪南和色当之间的默兹河。

步紧逼。这次突击将切断盟军向比利时的退路，计划由此而被命名为“镰刀计划”。曼施坦因想的不光是阻退英法敌人，他设想“挫败和歼灭所有比利时境内或索姆北部的敌军”。甘末林做出将盟军的精锐部队移入比利时境内的决定，正中德国人的下怀。

早在去年10月，曼施坦因就在6份备忘录的第一份中提出过这个建议，而且得到德高望重的伦德施泰特的力荐。整整3个月，部队的高级指挥官却有意置之不理。这固然要怪罪于同行间的嫉妒，但起因却是最高统帅部有意延迟进攻。1940年1月下旬，曼施坦因升任德国东部的某步兵军军长。他的晋升姗姗来迟，却无疑为最高统帅部除掉惹人讨厌的牛虻提供了方便。

然而时隔不到3个星期，希特勒接见曼施坦因和其他新任军长的时候，还是知道了这个计划。领袖向来喜欢胡乱猜测将军们的行动意图，同时又对军事史求知若渴。他早就嘲弄过向南转移攻击目标的想法。希特勒已经考虑在2月上旬部署一次军事演习，以表示大批装甲部队可以渗透类似阿登高原这样的地区。快速取得战果对希特勒特别有吸引力。他在一战中当过普通士兵，目睹过战壕里的杀戮场面，对“以闪电速度”征服法国人心仪已久。

曼施坦因向元首描述了他的计划，希特勒听得全神贯注。第二天，希特勒召唤布劳希奇和他的总参谋——陆军中将弗兰茨·哈尔德，命令他们将此计划付诸实践。

现在，一次冬季作战行动没有什么不可能的了，最高统帅部也不再拖后腿。布劳希奇和哈尔德采纳了该计划。不过一周，他们就制订了某些方面比曼施坦因还要激进的详细计划。但进攻还得再拖上两个月，因为有必要重新部署部队，何况天气造成的困难还在延续。总之，进攻一拖再拖。

与此同时，希特勒处理了一些小问题。4 月上旬，国防军侵略丹麦和挪威，占领了斯堪的纳维亚的海空要塞，从而保证了德国的铁矿供应。铁矿开采自瑞典北部，通过挪威北部的港口纳尔维克运出去；希特勒担心迟迟不占领这个港口，英国人就会捷足先登，切断帝国的命脉。他的担心是对的。

5 月 10 日上午，当希特勒终于站在石堡的掩蔽壕外，目睹了镰刀计划开始的阶段，他看见敌军数量几乎与己方旗鼓相当。连同储备力量，希特勒共召集了由 270 万人马组成的 137 个师。为了抵御侵略者，盟军也积聚了大量师团部队——法国 94 个师，英国 10 个师，比利时 22 个，荷兰 10 个——此外还有相当数量的骑兵连。双方的军事装备也难分高下。盟军出动了野战炮，仅法国就有大约 10700 门，德国 7400 门；法国与德国的坦克数量对比为 3400 辆对 2500 辆。但德军坦克集中在 10 个装甲师部队，而法国只有 4 个装甲师，绝大多数重型坦克都在那 4 个师，余者散落在几十个摩托化部队里。

几乎所有的德国坦克都有无线电，盟军却只有1/5的法国坦克配备了。在空中，纳粹德国空军占据了明显优势。敌对双方的飞机数量差不多是2：1（德国5500架，盟军3100架）。何况即使数量相当，德国的梅塞施米特109也比盟军能飞上天的机器先进得多。

在战术才干和军纪方面，两个对手同样难分伯仲。同德军的强调速度和移动性相比，甘末林领导的盟军恪守一战遗留下来的战略防御打法。甘末林希望战斗陷入僵局，直到海上封锁和经济遏制削弱德国的侵略行径为止。他狂妄自大，无视国防军的功勋，一味相信闪电战打得了荷兰人，打不了法国人。甘末林在马恩当过约瑟夫·霞飞元帅的作战总指挥。他至今轻信法国人胜券在握，如他所说："1914年到1918年间，很少有德国将军任要职。"其实，恰恰相反，德国军官队伍中被充实了年轻血液，而法国军官的战斗精神早已因"凡尔登恐慌"而消失殆尽。

继袭击波兰之后，纳粹德国空军再度在奇袭中大显身手。一早，亨克尔111轰炸机袭击了荷兰、比利时和法国的70多个基地，试图使盟军空军部队陷于瘫痪。纳粹空军还为德国的进攻模式加入新的因素。正当A集团军西行穿越荷兰、比利时的边界，以牵引英法部队主力之时，由降落伞、滑翔机、运输机运送的成千上万的空降兵交替跃进，深入盟军辖区。他们的任务是占领桥梁、堡垒等要塞和通讯中心。早在4月入侵丹麦、挪威的时候，纳粹空军就检测过这一革命性的战术，现在德国人想大范围地应用。

在敌后散布兵力是希特勒的主意。他喜欢靠速度和欺诈取胜的特别行动，常常批评他的将军们缺乏想象力。“他们太对了，”他抱怨道，“简直毫无瑕疵。”

希特勒把空降袭击战的任务交给了50岁的空军少将司徒登。司徒登是普鲁士人，具有能与元首匹敌的战略想象力。一战中，司徒登指挥过一个战斗机中队，其后在苏联境内的德国秘密基地训练飞行员。1938年，他接管纳粹空军的新伞兵部队——第7空军师，这支部队豪迈地自称为“空中猎人”。尽管他的一人之勇广受尊敬，却不够资格戴上“空中猎人”的奖章，因为他从来没有打过空降战役。

少将的空降行动集中针对荷兰。在荷兰快速取胜是关键；如果英国人赢得时间在荷兰的国土上建立空军基地，皇家空军就能迎战纳粹空军，威胁整个进攻。荷兰抵抗力量已经超过了构成B集团军左翼的德国第18军。而且德国人还得对付和形同迷宫的河流、水渠连成一片的要塞。荷兰人可能慢慢撤出这些路障，等撤离后炸掉桥梁，也许会淹掉大面积的低地。然后他们会在所谓的荷兰要塞——环绕近海城市的人口稠密的地区——抵抗到底。司徒登的空降部队有4000名伞兵和第22空降师的12000名受过特别训练的步兵（他们将在荷兰的飞机场着陆），他们的任务是迅速攻入离德国边界几乎

100英里内所有的荷兰要塞。一支特遣队将占领鹿特丹以南的主要桥梁，准备迎接第18军装甲先锋队和由武装党卫队摩托化分队扩充起来的第9装甲师。其他空降部队的任务就是攻占荷兰政府所在地海牙。

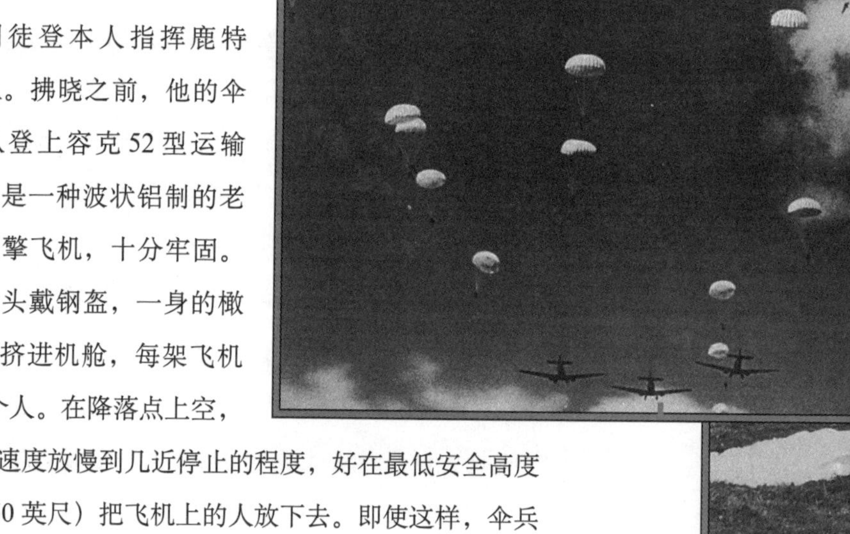

司徒登本人指挥鹿特丹部队。拂晓之前，他的伞兵部队登上容克52型运输机，这是一种波状铝制的老式三引擎飞机，十分牢固。伞兵们头戴钢盔，一身的橄榄绿，挤进机舱，每架飞机载12个人。在降落点上空，飞机的速度放慢到几近停止的程度，好在最低安全高度（约450英尺）把飞机上的人放下去。即使这样，伞兵也得承受飘浮在半空中，暴露在敌人枪口下的危险，那15～20秒钟，好像漫无止境似的。

最南端的降落点在穆尔代克。在那里，两条公路铁路桥横跨由瓦尔河和马斯河（默兹河在荷兰境内的一段）汇合而成的宽广水域——荷兰海。两座桥长一英里多，守护着通往荷兰要塞的道路和15英里以北的鹿特丹。

司徒登的伞兵降落在两岸，迅速抢占了位于穆尔代克的桥梁。往北 5 英里处，另一个分队在多德雷赫特着陆，抢在抵抗者炸毁老马斯河上的两座桥之前，制伏了他们。

左图，入侵的第一天，德国空降兵从容克 52 运输机上空降下来。下图，伞兵部队降落在牧场上，他们从一起空降下来的霰弹箱里收集武器弹药，然后向目的地穆尔代克大桥进发。

鹿特丹的主要降落点是瓦尔哈文飞机场，它位于城市的西南郊区。一个营的伞兵采用司徒登所称的“短平快手法”，直接降落在目标上，为空降步兵大部队的到来扫清道路。一位荷兰年轻军官还记得当时的场景：“像变魔术一样，一些白色的小点出现在飞机场上空，

四周像是膨胀的棉絮。先是 20 个，然后 50 个，接着成百上千！他们跳下飞机，飘然而至。随着一声沙哑的命令声，每架机关枪都开火了。可目标太多，我们根本不知道朝哪儿打。”

枪林弹雨之外，伞兵们还由于一次失误，遭遇了最惨烈的死伤。一架容克 52 运输机在醒目的飞机棚正上空空投了 12 名伞兵。大兵们缓缓地向地狱坠去，他们绝望地悬挂在空中，听由降落伞熊熊燃烧。

多数伞兵着陆在飞机场的边缘，他们迅速开始了进攻。当第一架容克 52 运输机装载着步兵抵达时，战事犹酣。头顶上，他们的梅塞施米特 109 护航战斗机与英国的飓风式战斗驱逐机展开搏斗。（荷兰空军的 125 架飞机有 62 架被纳粹空军摧毁。）脚下回响着荷兰高射炮的轰炸声。第一架德国容克 52 运输机安全着陆，但第二架被击中后劈成碎片，坠落到地面。

正午时分，大约 100 架运输机装载着 3 个营约 1200 名空降步兵，在瓦尔哈文着陆。一个营开始穿过鹿特丹郊区的街道，向北进发。它的任务是增援从城市中央的新马斯河穿过来，攻占了威廉斯大桥的战友。这一批德国人有 120 名步兵和工兵，他们是采取一种不大可能的手段——水上飞机——抵达的。当日早晨 7 点，12 架旧式亨克尔 59 型水上飞机向下游驶去，在大桥附近靠岸。机上的人迅速将橡皮筏子充气，向岸边划过去。上岸后，他们在两岸建了战略据点，好守卫威廉斯大桥。

另外，他们还建了一座连接南岸和河心岛屿的小桥。

起先，入侵者没有遇到抵抗。经过威廉斯大桥上班去的路人以为这些水上飞机是英国人的，他们还帮一些士兵登上河岸。可是不久，附近的荷兰守备队开始反击，德国人在桥墩后面和附近的房子里隐蔽起来。德国步兵为数不多，又容易受到两岸的攻击，他们担心自己不能坚持多久。

突然，一辆市内有轨电车响着铃铛，猛冲向桥的南端。50 名全副武装的德国士兵就藏在后面的电车和 6 辆汽车里。他们是陆军中尉克芬旗下的一个连。克芬的伞兵在南岸的英式足球场内着陆后，强征了市内有轨电车和汽车，把目瞪口呆的居民推出去，然后直奔大桥。一些人占领了南端，另一些人全速过桥，支援北端的战友。荷兰抵抗者的炮火简直密不透风。从飞机场过来的步兵营到达那里时，根本无法和大桥北端的伞兵会合。

所有的运输工具都参加了鹿特丹大桥之战。那天早晨，荷兰海军派一艘巡逻船和一艘鱼雷艇到新马斯河，炮击德国人的桥头堡，破坏侵略者的水上飞机。两艘船弹尽粮绝之后，一艘驱逐舰和两艘炮艇从荷兰岬的泊口开向这道窄渠。它们本来的任务是炮轰瓦尔哈文飞机场，打击正在那里着陆的德国野战炮和山炮增援部队。但俯冲轰炸机及时赶到，船队只得停止炮击，撤回去。

那天的多数时候，鹿特丹的抵抗者都狼狈不堪。德国空降兵似乎无处不在。城里到处谣传德国伞兵装扮成警察、牧师甚至修女。这是司徒登将军的计策。他让运输机把假伞兵投放到农村。这些稻草人身穿伞兵制服，备有自燃装置，佯装开火的声音，使荷兰人高估袭击部队的规模。

傍晚时分，荷兰指挥官把注意力放在真正的威胁上。他们选择了位于鹿特丹和穆尔代克中间的多德雷赫特要塞桥梁作为反击目标。多德雷赫特对于空降伞兵部队来说，修得太密实，德国人只空投了一个连，占领和据守那里的桥梁。一支荷兰精锐小分队趁着天黑袭击了那里。他们迅速把占有数量优势的德国人从铁路桥上赶走，杀了德国连长。

反击的消息通过无线电传到司徒登耳朵里。他在瓦尔哈文和空降步兵一起着陆，在附近的校舍建了第一个指挥部。他坐在校长桌前，他的参谋官们则围坐在长凳上，如将军后来所说，活像“一群超龄学生”。司徒登把最后一个营的伞兵送到了多德雷赫特。这真是一场赌博，指挥部只剩一小撮人守卫第二天该运送增援部队和补给的容克 52。

他赌赢了。增援部队夺回了多德雷赫特的桥梁以南地区。尽管英国惠灵顿双引擎轰炸机对飞机场狂轰滥炸，荷兰人还是没有还击。进攻的第二天是 5 月 11 日，星期六，瓦尔哈文的飞机跑道到处是炮坑，司徒登只得把着陆点转移到鹿特丹东南面的开阔区域。靠斯图卡式轰炸机的支持，司徒登的人沿着长达 15 英里的桥廊挺进。他们要为远在一天多路程之外的第 9 装甲师而保全自己。

入侵头一天就潜入荷兰的另一支空降特遣队主力就没那么走运了。它的任务是号召伞兵部队占领鹿特丹西北面 15 英里处，海牙周围的 3 座飞机场，还有护卫两个步兵团着陆。之后，总共 10000 人的分遣队在首都会合，推翻政府，俘获威廉明娜女皇和其他官员。希特勒一手策划了这个方案，虽然他严令“保证不伤害荷兰女皇或皇家成员”。他们出师不利。伞兵控制了首都东北面 6 英里处的法尔肯堡飞机场，但第一个到达的运输机的轴陷进了柔软的草地，他们没办法降落。那里根本没有供更多飞机着陆的地方。

海牙附近的两个飞机场——伊本堡和奥肯堡——的着陆情况更糟糕。第一架装载步兵的运输机试图着陆。伞兵一边从离目标两英里远的地方开始降落，一边朝飞机场开火。伊本堡炮火密集，13 架运输机中，有 11 架被撕成碎片。飞往奥肯堡的飞机发现，地面危机四伏。德国人共有 450 架运输机，在头两天的进攻中就损失了 167 架。

寻找安全着陆点的运输机一时间充斥了海牙上空。许多飞机降落在高速公路上，有的试图降落到几英里外海岸边的沙丘上，最终陷进沙土。还有一些朝鹿特丹以南的司徒登的飞机场飞去。就连指挥这次行动的第 22

空降师指挥官所乘坐的飞机也坠毁在了一片开阔地上。

施珀内克当晚收到了这些不利消息。他的部队本来控制了全部飞机场，却被炮火掩护下的荷兰守备小分队轰了出来。等施珀内克终于设法用袖珍无线电与德国总指挥部通上话后，他得到命令，放弃对海牙的进攻，转而与鹿特丹的司徒登会合。

第1伞兵团蹚过一道堤防，袭击碉堡，以保护穆尔代克的荷兰海铁路桥。部队冒着枪林弹雨，穿过1英里半长的大桥。其中一些人，如左下图的军官，只揣着手榴弹和一支手枪。

第二天，5月11日，施珀内克集合能找到的所有士兵——约1000人——向海港进发。他的队伍不得不和荷兰的3个师展开追击战，并从空降物品中获得弹药和给养。他们花了差不多两天时间才抵达鹿特丹北部的郊区上斯希，那时候他们已经没有能力进攻这座城市了。在施珀内克临时拼凑起来的队伍中，军官和军士损失了一半，最初着陆时的成百上千名士兵被敌人关进了监狱。当然，他们也没有白白损失人马，这些部队牵制了荷兰近5万兵力，令荷兰其他战线相继告急。

5月11日下午，正当施珀内克艰难地朝鹿特丹行进，司徒登由南向大桥进发之时，双方有两支装甲部队不期而遇，开始了交锋。一个是德国第9装甲师，他们闯过荷兰的东部防线，加速行进，要支援已占据荷兰要塞的空降部队。另一个是法国第7军先锋队，这支由7个第一流的师组成的队伍绵延100英里，他们正从南边赶来营救荷兰军队。

法国人最终没有抵达穆尔代克。在镇子以南20英里的地方，法国领头的摩托化小分队遭遇了第9装甲师和成群的斯图卡式轰炸机。战斗结果一边倒。不过两个小时，法国人营救荷兰的愿望被粉碎，部队退回安特卫普。

法国人的撤退打开了德军通往穆尔代克的道路。第二天，第9装甲师的一支坦克纵队穿越村庄，到达大桥。这些坦克兵都是奥地利人。德国先期部队在那里紧张地驻守了48个小时，早已筋疲力尽。他们对坦克兵的到来无不欢呼雀跃。装甲师继续北上，穿过被团团围住的多德雷赫特大桥，当晚与鹿特丹南郊的司徒登的空降部队主力取得了联系。

摩托化的入侵者呈漏斗状进入荷兰要塞，荷兰的抵抗分崩离析。前线沿途的河上关卡都决了口。5月13日，海牙的政府领导人犯下了一个可怕的错误，他们拒

德国士兵带走荷兰士兵，其中一个照看伤兵的人被俘。“荷兰人打得很勇敢，”一名德国军官写道，“他们比世界上任何一个100多年没打过仗的民族都厉害。”

绝了德国以轰炸鹿特丹为威胁的谈判。虽然后来司徒登以无线电通知联队延迟计划中的轰炸，但是当指令传达至第 54 轰炸机联队的指挥所时，指挥官所带领的机群已经抵达鹿特丹上空，而且飞机已经接近航程限制。即使在城市内的德国军队也发射了照明弹以通知轰炸机返航，但南方轰炸队中仍然有三架轰炸机投下了炸弹；另外，东北轰炸队则在城市南侧看到了红色照明弹——那是继续攻击的指示。54 架 He111 轰炸机扔下了 97 吨炸药，其中大部分扔在市中心附近。

很快，鹿特丹中心因轰炸而起的火焰就失去了控制。微风扇动着火焰，火光吞噬着老木头房子，被击中的黄油厂四处流油。目标地区方圆一英里之内鲜有房屋幸存。近 80000 位居民流离失所，约 850 人被直接炸死。景象惨不忍睹。英国人后来对死亡人数做了个粗略统计，竟然将近 3 万人。

轰炸之后，德国人穿过威廉斯大桥，解救了 60 个在地下室和被炮火击得粉碎的房屋里坚守了五天五夜的空降兵。一位上校目睹了他们的出现。“最靠前的房屋顶上，一位年轻伞兵抓住旗子，以示他们和轰炸机飞行员的区别”，他回忆道，“他失魂落魄，其他桥头堡的战士跟在后面。许多人失踪，幸存者则形容憔悴，脏乱不堪，有的人只剩下了手榴弹。”

当天傍晚，荷兰宣告投降之后，司徒登碰到一件离奇的事。就在他和荷兰指挥官在鹿特丹的一所房屋内

5月14日下午3点到3：08，纳粹空军投下大约100吨炸弹，顷刻间，鹿特丹满目疮痍。当时，投降谈判还在进行，鹿特丹被宣告为不设防的城市。

商谈之际，外面响起了枪声。一支摩托化装备的党卫队冲进城北解救施珀内克的空运步兵，他们与一队荷兰武装战士遭遇。不明就里的党卫队当即开火。司徒登冲到窗前，下令停火。党卫队对着窗旁的砖墙四处扫射，作为对他的答复。司徒登的前额被铁弹击伤。这位使德国在荷兰取得迅捷战功的空降部队军官在死亡边缘徘徊了好几个小时。多亏了荷兰医生护理了一夜，妙手回春，他才捡回命来，重新加入战斗。

在南边，司徒登的伞兵也对入侵比利时起了关键作用。与在荷兰一样，德国伞兵为地面部队开辟了道路。B 集团军的南翼第 6 军从列日城的正北方向进入比利时。德国人得穿过 15 英里宽的荷兰辖区才能进入比利时，那地方从德国和比利时之间向南伸去，被称为“马斯特里赫特的阑尾”。两国交界处是马斯河。比利时境内还有一个第二大水上堡垒——阿尔贝特运河。

1914 年，德国军队就是从同一条路进入比利时的。为了抵抗侵略，早在 30 年代早期，比利时人就开始修建一个宏伟的工程，具有讽刺意味的是，他们雇了一个德国工厂来完成工程。他们在马斯特里赫特以南 3 英里的埃本 · 埃马尔村修建了西欧最坚固的堡垒。埃本 · 埃马尔堡堪称各个要地连线上的北端支点，向南直指列日，是通往比利时的必经之地。司徒登的第 7 空军师的 11 名军官和 427 名士兵的任务就是为第 6 军守住这条路线。

这一回，德国人决定用新办法打仗——乘坐滑翔机。司徒登选了滑翔机而不是降落伞，一来是避免飞机引擎的巨大响动暴露行踪，二来是怕伞兵们散落在空中，他想让他的人集中着陆。5月10日清早，42架滑翔机在亚琛上空7000英尺脱离容克52运输机，每架滑翔机上都有12名配备了机关枪、手榴弹、火焰喷射器的士兵。天际微露着第一线曙光，这些由铁、木头、粗帆布做成的箱子形状的装置，带着起落橇，幽灵一般悄然降落在离目标20英里远的地方。他们做好了准备——有6个月时间，他们一直在秘密训练。训练苛刻异常，两名士兵竟然因为违纪而被判死刑，虽然后来被缓期执行了。

滑翔机队被分成4个分遣队，代号分别是混凝土、钢、花岗岩和铁。方圆5英里内的目标是阿尔贝特运河和3座桥。钢分队在阿尔贝特运河的西岸着陆，迅速攻下了最北部的路口——费尔德维泽特铁桥；混凝土分队占领了中间的大桥，即弗罗恩哈文的混凝土高架桥。空降的士兵旋即加入了两个分队，一起守御桥头堡。只有最南端的大桥，袭击告以失败。离埃本·埃马尔堡不到一英里的坎内，是铁分队的目标，滑翔机着陆前几分钟，被警觉的比利时抵抗者炸坏了。

花岗岩分队的任务最不寻常，他们要夺取埃本·埃马尔堡。堡垒方圆175英亩，有5个角，通常由1200名驻军把守，不过星期五的早晨只有750人在城墙里面。运河沿岸的峭壁护卫着堡垒的东北面，其他四面也有反坦克战壕和一道20英尺高的城墙把守着。堡垒内部，地道四通八达，炮台林立。旋转的炮塔装备着各式武器，只是高射炮不多，堡垒宽阔的地表也没有布雷。

埃本·埃马尔堡容易受到空中打击，这就是德国人把它选为打击目标的原因。在目瞪口呆的比利时枪手徒劳的高射炮炮火下，9 架滑翔机降落在堡垒顶上的大草坪。（另两架滑翔机因为拖曳缆脱离而提前在德国着陆，其中一架飞机上载有空军中尉、分遣队指挥官鲁道夫·威齐希。）大兵们跳出滑翔机，冒着炮火冲向目标。

所有的德国人都是爆破专家，他们带来了两吨半炸药。其中相当一部分工兵拥有一种新装置，它是形似内凹的半球，能使爆炸力下坠。每个炸药有 100 磅重，能冲破 10 英尺厚的钢板。自打研究了航拍图和堡垒地图后，工兵们对放炸药的位置了如指掌。着陆后不到 10 分钟，他们就炸毁了一半以上的目标物。不过他们也失去了打击两个炮台的机会，虽然后来他们发现那两个炮台不过是摆设。

比利时驻军在沟渠内寻求庇护，他们从堡垒外调集了炮兵力量。炮弹迫使德国人躲进炸毁了的目标物。威齐希 3 小时后着陆，在他的指挥下，德国工兵把炸药投进地道。但要控制住堡垒，还需地面部队的帮助。

援兵经过马斯河的时候，速度慢了下来。希特勒策划了一个得意的间谍计划，以防马斯特里赫特的 3 座桥遭到破坏。一支特别部队身着偷来的荷兰军服，去占领那些桥。他的阴谋破产了，第 6 军的坦克和摩托化步

德国工兵把铁板搬到荷兰城市马斯特里赫特的浮桥上去，浮桥跨越马斯河。国防军的第6军利用这座桥到达和渗透到比利时的主要防线。

兵只得坐等工兵架桥。

结果，到傍晚时分，一支援兵队伍到达离埃本·埃马尔不远的阿尔贝特运河，第51工兵营也在其中。这些工兵冒着炮火向靠近运河的17号炮台而来。堡垒里面，威齐希和他的人可以听见枪炮声在混凝土工事间回响，但炮台的位置太靠下，炸弹根本够不着。

威齐希不顾一切要让重机枪静下来。他叫工兵把炸药拴在绳子尾端，装上导火管，绑在肚子上，然后抵达堡垒边缘。比利时的卫兵正在圆形屋顶上给底下的枪手报信，工兵把炸药晃来晃去，掀起烟尘，堵住瞭望哨的缺口，迷住卫兵的眼睛。威齐希的人对他们的成功得

意扬扬，他们“躲在比利时的炮兵和步兵四散的炮火下，筋疲力尽。”他后来写道，“每一声炮响都可能标志着敌人开始反击，大家都悬着心。”

反攻没有到来。夜间，一个工兵排乘橡皮艇穿过运河，准备向堡垒发起猛攻。在军士玻特斯蒂芬的带领下，他们穿过用混凝土浇筑的沟渠，爬上堤防。正前方的掩体内，两挺机关枪喷射着火焰。玻特斯蒂芬咆哮着命令一个架着火焰喷射器的人冲上去。邻近掩体的时候，士兵按下扳机，火焰在黑暗中腾起，比利时的枪炮顿时哑了。

堡垒里面的德国人疲惫不堪，他们大都一直在呼呼大睡，但工兵的船碰到石头的声音惊醒了他们。他们

从空中鸟瞰比利时的阿尔贝特运河，可以见到埃本·埃马尔堡的绿色屋顶和石灰石表面。这座堡垒在右下方控制着马斯河流入运河。（左图）

送德国伞兵部队上战场的滑翔机停在埃本·埃马尔堡疏于防范的屋顶。德国人在滑翔机的刹车上缠上有倒刺的鱼钩，使滑翔机快速着陆。

意识到援兵来了，于是顺坡而下，高喊着迎接战友。玻特斯蒂芬拥抱着一位受伤的空降军士，两个人在堡垒顶上兴高采烈地跳了一小段舞。

5月11日上午，更多援兵抵达。德国步兵包围了堡垒，斯图卡轰炸机再次轰炸堡垒。正午刚过，比利时驻军的喇叭响了，他们摇起了白旗。驻军牺牲23人，受伤59人，还有30人被俘，剩下的上百人从地下掩体走出来投降。威齐希的人只有6人死亡，20人受伤。

空运来的工兵们行动神速。这一仗打开了通往比利时的道路。盟军预备在5天内抵御入侵者的防线，区区一天半就崩溃了。5月11日，虽然第6军的4支步

兵部队穿过阿尔贝特运河后，呈扇形四散开来，XVI 装甲军还是在斯图卡式俯冲轰炸机的庇护下，划开了埃本·埃马尔堡西边的平原地区，侧翼与比利时人相接，逼迫他们撤退。第二天，装甲团遭遇了法国第1 骑兵军团的两个机械化师，这个军团是大批盟军北上比利时迎击入侵者的先头部队。双方的坦克激烈交战，几乎持续了 3 天。从距列日以西 25 英里的阿尼附近，一直打到离让布卢 15 英里的地方。双方各损失 100 多辆坦克。

这次军事冲突化解了德军的优势，使盟军得以巩固力量。不过这场胜利对于德军来说是先抑后扬，正中德国人的下怀。为迎战汹涌而至的 B 集团军，盟军 30 个师——法国部队的精英，加上几乎所有英国远征军(只有一支除外）——与比利时人一道，占据了从靠近安特卫普的荷兰边境向南经布鲁塞尔到那慕尔的 65 英里长的地区。正如德国指挥官预见到的，荷兰、比利时的德国军事力量的亮相，使盟军的注意力从主路转移到了阿登森林。“我差一点喜极而泣，”希特勒追忆，“他们掉进陷阱了。”

伦德施泰特为了穿过阿登森林，史无前例地从国防军的 10 个装甲师中，抽出了 7 个，调集到 A 集团军

埃本·埃马尔堡的胜利者们被常规步兵解救出来后，分享着一支烟。袭击部队的每个成员都得到了铁十字勋章，并晋升一级。(左)

好奇的德国兵列队站在埃本·埃马尔堡的一个出口外，游览5英里长的沟渠。碉堡四周的墙至少有3英尺厚。

的前面。他们被分成 3 个军，穿过德国与南比利时和卢森堡王国交界的 50 英里宽的前线。伦德施泰特总共指挥着 45 个半师。（B 集团军由 29 个半攻打荷兰和比利时的师组成。）进攻一开始，他的装甲兵、摩托化步兵、补给兵和常规兵向后撤了 100 英里，好等落后好几天行程的步兵到达边境。

这支以钢铁武器打头的方阵当下的目标是默兹河的迂回处和拐弯处之间绵延 65 英里的地区。德国人的右翼向西进入比利时，直指迪南，中部力量穿过卢森堡，朝正好位于法国边境的蒙泰梅前进。左翼则穿过卢森堡，然后掉头向南穿过比利时的拐角，打击色当的默兹河。

在两侧指挥先头部队的是可能为书写早期坦克战史添上一笔的两位将军。埃尔温 · 隆美尔是一位默默无闻的陆军少将，48 岁年纪，在右翼领导第 7 装甲师向迪南前进。他指挥这支部队的时间还不到 3 个月，也没有任何装甲部队的背景。这位教师的儿子受训和打仗时都是步兵。作为一战时的年轻军官，他获得了德意志帝国的最高荣誉奖章——功绩勋章。1938 年，他写的一本关于战地经历的书引起了希特勒的注意，于是他被任命指挥一支部队，负责在占领苏台德区和侵略波兰时保障元首的安全。警卫工作提不起隆美尔的兴趣，但它的确有回报。希特勒的干预使他晋升为第 7 装甲师的指挥官。

隆美尔很快对闪电战术着了迷。他的装甲师开过比利时的边境时，他就在领头的一辆坦克中。他的部队

1940 年春天，为了准备入侵法国，陆军少将埃尔温 · 隆美尔（居左，头戴尖顶帽）命令第 7 装甲师在德国西部的摩泽尔河上进行两栖训练。他的训练有素的部队将成为跨过默兹河的第一支部队。

很快超过了右边的第 5 装甲师。第 15 装甲师的指挥官赫尔曼·霍特把一个团派给了隆美尔。夜幕降临的时候，隆美尔已是困倦不堪，声嘶力竭，但他不无兴奋地给妻子写信：“情况再好不过了，我把邻居们全甩在后面。”但自从遭遇了比利时零零星星的哨兵之后，第二天，即 5 月 11 日，他面临从法国开来的坦克的挑战。他迅速进攻，发现“胜利属于先发制人的一方，在一旁等候动

静的人永远是第二”。

前线的另一位将军出名得多。海因茨·古德里安比隆美尔年长3岁，他手下的第XIX军的3个装甲师当年是攻打色当的强有力的左翼力量，他本人也是德国装甲战术的设计师。在波兰，他的装甲师功不可没。现在，他对机械化战争的构想是，对关键点集中火力，出奇制胜，重创敌人，从而免除对侧翼的顾虑。这一构想是在法国取得预期突破的关键。

古德里安雷厉风行，他在军中大力提倡：一个装甲兵最要紧的素质是，“狂热是前进的动力”。尽管阿登高原山势陡峭，峡谷崎岖，坦克遇到的障碍却比它的名声所及小得多。古德里安的装甲师顺着东西向的大路，穿过壮观的橡木林、山毛榉林和冷杉林，隆隆而过。

这是打埋伏的理想所在，但卢森堡没有部队。第一天下午，当古德里安的部队抵达比利时边境时，比利时甚至没有足够兵力威慑他们。第二天，法国轻型坦克在靠近比利时城市诺沙地奥向古德里安的大部队发起挑战，却吃了败仗，此后，跟在装甲师后面的德国大部队很少见到敌军士兵。

后方的勤务令人头痛。绵延崎岖的小路上的每次塞车，都使古德里安烦躁不安，他担心头顶出现敌机。但他仰望天空，看见的只是纳粹空军。法国人和英国人还没有从树荫遮蔽下的致命威胁中醒过神来。

德国步兵跨过阿登森林无人看守的路障。“我们不是在为这片土地而战，”一位战士激动地给家人写信，“我们只是在吃苦头。”

5月12日下午，古德里安的第一支装甲师从阿登高原的南端起程，到达他的主要目的地——色当。色当在默兹河上，离边境大约60英里。中心地区有13000人，在过去的法德战争中戏剧般地出了名。一战中，被德国人占领了4年；1870年这里成为法国最大的军事耻辱——拿破仑三世皇帝和他的部队在这里无条件投降。这一次，法国人放弃了色当，沿着河撤退，才使得古德里安的坦克畅通无阻地开进城市。

当晚日落之前，德国的3支先头部队都已到达默兹河上的目的地。他们占领了河流弯道，和从南部的色当以东到北部的迪南以北一带的要地。他们进攻了3天，这才头一次遇到了数量庞大的壕沟防护下的抵抗者。默兹河的远岸上，法国布置了超过15万名步兵，在方圆95英里的地面和德国部队的两翼交错相接。（再往东南去，马其诺防线上，法国的40个师被越过德国边界的C集团军困住，动弹

在肉汤镇，第1装甲师的坦克指挥官指挥他的马克Ⅰ型坦克前往两英里外的瑟穆瓦河边，这里是比利时和法国边境的最后一道天然屏障。干燥的天气降低了水位，有些地方坦克车都可以涉水而过。

不得。）法国第2军在尚未完工的碉堡和地面防御工事的掩护下，守卫着默兹河以南地区。负责守卫北部的第9军鲜有防御工事，但占据山势陡峭的优势。抵抗者和他们的指挥官虽然占有天时地利，却疏于防备。

法国指挥官反应迟缓，何况不是所有的部队都在直线上，特别是北部部队。因为法国人十分肯定敌人不会越过阿登高原大举进攻，所以让精良部队赶到戴勒河，对付德国人在荷兰和比利时的佯攻，却留下残余部队防守。几个月前，一名英国军官艾兰·布鲁克见到第9军之后，私下里表示过他的震惊。“当兵的没刮胡子，战马也没备好，”他在日记中写道，“战士衣冠不整，车辆肮脏不堪，可见他们对自己、对部队都毫无信心。”

第一个跨过默兹河的德国部队是第7装甲师。隆美尔于5月12日抵达迪南北部的默兹河边。他命令两辆装甲车通过大桥，这时，一名比利时工兵舍身点燃了引信，引爆了大桥，将装甲车送进了滔滔河水。

在迪南以北4英里的霍克斯村，隆美尔的人发现了一个年代久远的石坝。它连接河的两岸，河中心还有一座孤岛。夜幕降临后，一队摩托车巡逻兵——就像军队史上写的——“像走钢丝的人一样”，悄然穿过光滑的石坝。在石坝的另一头，他们发现了法国防御系统的一个窄小的真空区域。午夜，隆美尔的几个摩托连紧贴着默兹河远岸的立脚点，悄无声息地过河。

几小时后，隆美尔开始充实他的桥头堡部队。拂晓前，他放火烧了迪南的大量房子，命令一支步兵团趁着烟雾的掩盖，乘橡皮船出发。但法国炮兵和小股部队不是一艘接一艘地炸沉橡皮船，就是让他们动弹不得，他们只好听天由命，顺流漂去。

隆美尔赶到霍克斯检查摩托兵的战绩，然后无视敌人的炮火，跳进坦克，返回霍克斯和迪南之间的地带，在那里，另一个步兵团正在乘坐橡皮船奋力过河。西岸上令人窒息的炮火阻断了他们过河的努力，于是，隆美尔下令调集配有75毫米火炮的马克Ⅳ型坦克，沿着与河岸平行的道路向北缓缓开去，炮塔向左调转90度角，炮弹飞向不到100码远的法军掩体和机枪口。

渡河行动继续，隆美尔匆匆离去。一名上尉汇报说：

“隆美尔将军无处不在。”在那个多事的早晨，他监督工兵们接上缆绳，来回运送大浮筒；他指挥一个步兵团，驾橡皮船过河。在西岸，他指挥一个步兵连袭击法国坦克。他下令部队散开来，小股小股地移动，造成兵强马壮的假象。果不其然，法国坦克中计撤退。

到入夜时分，12 个步兵连都渡过了默兹河。现在桥头堡部队绵延两英里长，3 英里宽，但兵力还十分薄弱，盟军要攻下它来，可不费吹灰之力。隆美尔的工兵们热火朝天地在河上架浮桥。夜里，他的坦克陆续开到西岸，其间，猛烈的炮火几次击中桥梁，中断行进。

5 月 14 日一早，大概 30 辆坦克过了河。这次运送装备的行动使他们扩充了步兵力量，强化了桥头堡部队，使之延伸到了离西岸 3 英里远的昂哈伊。隆美尔又忙了起来。敌军的炮弹在他身边爆炸，他的脸正撞到坦克的潜望镜上。一块玻璃碎片顺着目镜掉下来，打到了他的右脸颊，血哗地淌下来。他依然留在战场，和他的人一道巩固战果。

与此同时，德军在色当的南翼，古德里安调集大量兵力，解决了渡河难题。他计划于 5 月 13 日 4 点发动重点袭击，这项任务交给了第 1 装甲师。为此，他集中了全部重炮后备力量。由于补给在阿登高原的路上受阻，每门炮只够发 50 枚炮弹，于是他把 88 毫米的大炮架在水边，准备以水平线直接向法国掩体开火。

古德里安清理障碍的指望被纳粹空军自诩的移动

炮——俯冲轰炸机——破坏了。他和他的直接上级埃瓦尔德·冯·克莱斯特将军在如何利用空军的问题上展开了激烈的争论。克莱斯特58岁，颇有手腕，古德里安为屈居于他手下而愤愤不平。尽管克莱斯特对坦克一窍不通，他还是当上了古德里安的XIX装甲师和汉斯·莱因哈特将军的XLI装甲师的总指挥官。现在，这两个师正在向蒙泰梅镇行进。古德里安想让纳粹空军一路上提供补给。克莱斯特希望开始发动袭击前，先来一场毁灭性的轰炸。最后，古德里安获胜。一位空军上将嘲讽道："我得说，克莱斯特发动大规模打击的命令下得太晚了。"

纳粹空军终日对法军驻地狂轰滥炸。他们的轰炸机和梅塞施米特109式战斗机护卫队远远超过前来迎战的法国战斗机。那天出击的700架德国轰炸机中，最具破坏性的是200架斯图卡式轰炸机。它们时而像大灰鸟一样在头顶盘旋，时而急速俯冲下来，把500磅重的炮弹投向在掩体里挤作一团的垂头丧气的法国预备役士兵。

一名德国军士在默兹河上空，怀着敬畏之心目睹了这一切。"轰炸机清晰可见，"他写道，"每次爆炸都震耳欲聋。场面混乱不堪。在斯图卡式轰炸机的刺耳轰鸣声中，炸弹纷纷爆裂燃烧。我们像被催眠了一样，呆呆地望着。身下俨然是人间地狱。"

德国炮兵和88毫米大炮在最后关头加入了这场要命的合唱。接着，4点钟的时候，按照古德里安的精心安排，橡皮船里的步兵涉过60码宽的河水，在敌人散落的掩体前着陆，那里的枪炮早已哑然无声。这些袭击部队属于党卫队德意志尖兵团和第 1 装甲师的第 1 步兵团。他们都是摩托化步兵，正好可以反驳古德里安对步兵“一到夜里就倒下来睡大觉”的断言。

天黑前，两支部队控制了最近的目标——树木成荫的高地，在那里可以俯瞰河流的交叉口，盯死法国防线。接着，第一团士兵在陆军中校赫尔曼因 · 巴尔克的带领下，向南行进。这位命大的陆军中校，在第一次世界大战中，曾 5 次死里逃生。法国第 55 师的队伍里纷纷传闻，敌军的坦克就要来了，队伍发生骚动，反倒让德国人赶了上来。结果，这些坦克不是德国人的，而是两支临时派往目标，准备发动反击的法国装甲部队。巴尔克的步兵们整夜行军，终于到达了离默兹河 5 英里的谢赫里村，极为有力地辩驳了古德里安对步兵的蔑视。

正当这些步行士兵挽回步兵的荣誉之时，古德里安的工兵们在黑暗中忙着在默兹河上架桥。装甲车排成队，喧嚣着过了桥。当 5 月 14 日的第一道曙光出现的时候，它们正排成两行朝巴尔克疲惫不堪的步兵们和附近的巴尔森村开去。同一时刻，法国人正结成两支装甲部队和步兵部队予以反击。他们走的路线正好撞上德国人的装甲车。

第一次冲突发生在谢赫里村附近。德国人停下来给坦克车加油时，法国人来了个突然袭击，弄翻了德国人的头两辆坦克。但形势急转直下，德国工兵匍匐着往法国坦克的车辙和发动机之间投掷炸药。接着，一对88毫米的大炮和几门大炮一齐发射，将法国人打退，德国的装甲车重新列队前进。

法国防线分崩离析。5月14日，守卫色当的第55师和第71师解散，人员死伤惨重，剩下的人惶恐不安，意志涣散。古德里安汇报渡河经历时说，在远岸找到了“数以千计的俘虏”。

法国人孤注一掷，把最后的希望放在破坏桥头堡上。他们全力打击浮桥，阻隔已经过了桥的德国兵力，使法国增援部队及时赶到河边，从而发动一场大规模反击。法国部队指挥官皮埃尔·比约特将军告诉英国空军司令：“成败与否全在于炸桥。”

5月14日早晨，英法部队启用了所有可用的轰炸机和战斗机。盟军的飞机陷入了德国战斗机、拦截机和防空炮组成的重重包围中，德国的高射炮和战斗机发出恐怖的巨响。法国人损失了47架崭新的LeO450轰炸机，他们不得不取消了剩余轰炸机当天下午的任务。英国派往法国的轰炸机在前4天里已经损失了一半以上，这天又眼睁睁地看着余下71架中的40架被撕成碎片，掉进碧绿的河谷里。

付出了惨重代价的盟军还是失败了。在色当，他们只是暂时阻挠了德国坦克和补给的渡河计划，却阻挡不了古德里安的第10装甲师和第2装甲师从色当两岸的桥头堡过河。在北边，隆美尔和霍特第XV军团的剩余兵力在迪南附近重新组合。迪南和色当之间的蒙泰梅，莱因哈特的第XLI军团战胜了处于壕沟防护下的法国常规军，在远岸取得了一个立足点。

进展不出德国人所料。闪电战不过5天时间，荷兰就落入掌中，德国人还把盟军的精兵牵制在比利时的戴勒线上。在拼死夺来的默兹河桥头堡，装甲车像把镰刀，准备砍向英吉利海峡。

比利时城市迪南的默兹河大桥。法国部队为了阻止德军无情的前进，不遗余力地摧毁了这座大桥。

跳过默兹河

1940年春爆发的西欧军事冲突中，再没有比默兹河畔德国国防军的高昂士气和对手的束手无策形成更强烈对比的了。一道天然屏障出现在法国东北部，断断续续地经过比利时、荷兰，伸向北海。5月12日夜晚，法国部队总司令甘末林将军下榻于巴黎郊外的万塞堡指挥部，他对125英里以外默兹河的情况感到很满意。大桥已经被炸毁，最新的形势报告说："目前的防御足以保证整个前线的需要。"基于第一次世界大战的经验，他的手下估计，德国人至少要花五六天时间来准备过河。

甘末林睡了。不料，一群部队出现在默兹河东岸，准备发起进攻。伦德施泰特将军领导的A集团军的先头部队——7个装甲师——翻山越岭，经过抵抗者以为无路可通，因而无人防守的阿登高原的大片森林，在迪南、蒙泰梅和色当整装一新。而来自埃尔温·隆美尔将军的第7装甲师的少数部队已经在霍克斯的西岸取得了立足点。

次日早晨，战斗连成了一片。隆美尔的部队切开了一个桥头堡，古德里安将军的第XIX军则直戳进色当。在斯图卡式轰炸机群和自动炮的掩护下，突击团乘橡皮筏子蜂拥过河。工兵们以飞快的速度为坦克架起浮桥，常规步兵接踵而至。所有3个装甲军仅花了3天时间就渡过了默兹河。他们猛攻法国第7和第9军，射下了几十架盟军飞机，在甘末林的防御区内撕开了60英里宽的口子。

这次巨大的突破像是启开了瓶盖。当德国坦克列队驶向英吉利海峡的时候，一名年轻军官欢呼雀跃："一条精致的道路在脚下延伸，头顶没有敌机盘旋，我们感到了强烈的优越感。"

在穿过阿登高原前往默兹河的路上，一辆第 5 装甲师的坦克等待着工兵清除路旁的树。

速度和火力的演示

德国人借助火力，还没等法国人有所反应，就一阵风似的穿过了默兹河。隆美尔利用坦克群和火炮强行渡河。古德里安兵分三路袭击色当，持续 5 个小时的空中打击削弱了盟军的守势。一名法国将军回忆道："我们的机枪手放下了武器，步兵撤到战壕里，被轰炸机的轰鸣声和斯图卡式轰炸机尖厉的噪声搞得晕头转向。"

为了节省时间，古德里安和在几个月前的战争游戏中一样，发出了一道命令。战斗部队冒着轰炸机的重重烟雾，划着橡皮筏子前往西岸，在那里，他们俘虏了法国士兵，用怀疑的眼光检阅了尚未完工的防御工事。"奇怪，这些法国人！"德国军官讽刺道，"他们有 20 年的时间来造防御工事。"

色当的法国士兵向古德里安的第 1 步兵团投降。

迪南附近，步兵在 37 毫米反坦克炮的掩护下，乘橡皮筏子渡过默兹河。

为装甲部队铺路

当步兵设法扩大默兹西岸的桥头堡的时候，先锋队或工兵正在近处的岸上卸下笨重的架桥设备，再组装起来。一队工兵只需要38分钟选择一个渡河地点并开始在拖曳缆上接驳船。其他人将大型浮桥拼起来，并在外侧装上发动机，使浮桥在水流中稳住。工兵们在春天的烈日下干活，装甲车就在一旁列队等待。一名陆军中尉写道："今天架桥如此容易，真是令人吃惊。似乎法国人以为我们的桥会架在别处。"5月13日临近午夜的时候，第一辆装甲车轰鸣着过了河。

隆美尔的第7装甲师在排队等着过河，坦克指挥官不耐烦地从炮塔探出来凝视远方。

一辆坦克上标有第1装甲师的白色橡树叶标记。工兵们看着装甲车在8小时内跨过色当浮桥。

最后的抵抗

盟军阻止德国人的最后一线希望是5月14日长达一天的空袭。英法战机接连不断地向狭窄的浮桥空投炸弹，希望切断西岸的德国侵略军的路，为盟军增援部队争取时间。

色当，狂风暴雨似的袭击，使得德军的装甲车被堵得水泄不通。盟军的飞机到来时才发现，梅塞施米特109空军中队正等着阻截他们。结果盟军伤亡惨重，它将成为纳粹空军每年的“战斗机日”所庆贺的内容。这天也是防空炮驻扎在河岔口附近的重要日子。一名装甲部队军官敬畏地观察着近旁的炮手们，他们挥汗如雨，撸着袖子开动37毫米和88毫米的防空炮。他看见他们1小时内打下了11架飞机。

即便付出了如此代价，空袭也几乎没有减缓德国装甲车过河的速度。第二天，法国第9军撤出防线，为德军留出了通往大海的公路。

在迪南，纳粹空军的防空炮兵准备防守德军的桥头堡，迎战盟军的空中打击。

默兹河西岸，德军把守的色当上空，英法轰炸机的炸弹放出滚滚浓烟。

第10装甲师离开桥头堡后，疲倦而信心十足的摩托化步兵和坦克向西经过辽阔的农村，想在盟军中间插进一根楔子。

2. 奔流入海

1940 年 5 月 15 日，星期三的晚上，刚刚夺取过来的默兹河边，古德里安坐在指挥部里，筹划着下一次行动。此时，古德里安的第 XIX 装甲军已经按计划穿过阿登高原，越过默兹河。他们足足花了一整天时间巩固德军的桥头堡，现在，广袤的法国北部平原在召唤。这片平原地区向西伸向 150 英里外的英吉利海峡。在那里，盟军的力量将被撕成两半。

正当古德里安为向西进攻的大胆计划绘制地图的时候，战地电话响起。这是装甲集团军总指挥部的克莱斯特向第 XIX 装甲军下达新命令：暂缓前进，等待步兵前来巩固战绩。古德里安被激怒了。他断定，这道命令威胁到他的全盘计划，抢了他快速渡河的好处。行动一开始，他就和顶头上司克莱斯特将军一再发生冲突，现在他又把矛头指向了克莱斯特将军。他先后给克莱斯特的总参谋和他本人打电话，要求撤销这道命令。“谈话逐渐升温，”古德里安写道，“我们争执不休。”

法国士兵惊慌失措地跑着投降。24 小时内，隆美尔的第 7 装甲师推进了近 50 英里，俘虏了 10000 名战俘。

克莱斯特只不过是服从命令的人，指令来自 A 集团军司令伦德施泰特将军。他对古德里安暴露在外的南翼颇为担忧。报告显示，色当以南约 12 英里的斯通村，法国抵抗活动十分激烈，伦德施泰特对此十分关注。那片高地对 XIX 装甲军的桥头堡部队来说至关重要，而法国第 3 装甲师的大批坦克也正威胁着该地区。前一天，也就是 5 月 14 日，古德里安已经派党卫队的大德意志团和第 10 装甲师的一部分前往斯通。战斗空前激烈，战局僵持无果，直到德国增援部队前去，才解决麻烦。

斯通是法国人阻挠德国取得突破的最后机会之一，所以斯通的胜利对德国人来说也很重要。但伦德施泰特的小心是出于更深的考虑。这位清瘦挺拔的 64 岁普鲁士老头 1939 年退了休，但入侵波兰时又被召回军队。他对新的闪电战术有足够的适应能力，但在内心深处，他还是一名老派的步兵。他不大相信装甲部队能获得如此巨大的胜利。伦德施泰特久久不能忘怀，1914 年法国人沿着马恩河攻击德军侧翼，从而反败为胜。他害怕古德里安的坦克走得太远太快，如果没有步兵的援助，会掉进陷阱。

伦德施泰特和不在前线的将军一样，无法掌握敌人的混乱程度。到达默兹的法国第 2 军和第 9 军都在慌乱中后退。在巴黎，政府最高层都被感染了恐慌情绪。5 月 15 日一早，总理保罗 · 雷诺慌张而绝望地致电英国新首相温斯顿 · 丘吉尔，“我们被打了，”他喊道，“我们被打败了。”然而，令古德里安万分厌恶的是，伦德施泰特的小心态度很快传遍了德国高级指挥官，甚至折磨着希特勒。坚持不懈地向前推进装甲部队的古德里安感到，他的上级才是比敌人更可怕的障碍。

不过，即使这样，古德里安还是吵赢了克莱斯特。克莱斯特显然没征求伦德施泰特的意见，就勉强同意再前进 24 小时，以扩大桥头堡区域，并为还在过河的步兵腾出位置。古德里安尽可能地广泛解释了克莱斯特的让步意见。第二天，即 5 月 16 日早晨，他的装甲部队开始朝大海方向急速前进。

比利时的迪南以北 40 英里处，隆美尔将军的第 7 装甲师带头突围。他倒不必担心暴露着的侧翼，因为南面有莱因哈特将军的第 XLI 装甲军在保护他，北面也有博克的 B 集团军对戴勒沿线的盟军步步紧逼。

5 月 15 日，隆美尔开始西行之际，前方的法国第 9 军全线撤退。前一天晚上，安德烈－乔治 · 科拉坡将军下令放弃默兹。第一次世界大战的时候，科拉坡就是个慢手慢脚的老兵。法国作家安德烈 · 莫里斯形容他“羞怯，受上级尊重，外表不像军人，长得肥臀胖腰”。科拉坡在默兹以西 35 英里处按兵不动，白白浪费了两天时间，也没能让预备役军人和占压倒多数的二线队伍振作起精神来。由于他的无能，他被开除出军队，成了法兰西灾难的替罪羊。

党卫队的大德意志团加入了古德里安的先锋队，越过阿登高原，渡过默兹河。5 月 15 日，这支步兵团接到命令，和第 10 装甲师一道，保证第 XIX 军的左翼免遭法军反击。他们开着卡车、摩托车和轻装甲车，

第 7 装甲师的一辆坦克越过法国边界时，经过阿韦讷的民房。这些坦克的速度非常之快，法国部队一开始竟然把他们当成了英国盟友。

把法国第 3 装甲师赶到了色当以南的高地。双方搏斗了 10 小时，斯通村几经易手，最后，以法国人的撤退而告终。更北的地区，由陆军中尉布罗伊希斯特领导的反坦克队破坏了 33 辆敌方的坦克。（第 77 页图中，他正在接受十字骑士勋章。）党卫队的大德意志团为了胜利，付出了可观的代价，伤亡人数达到 562 人，才不得不退出前线。

法国步兵撤退时，新组建的第 1 装甲师迎了上来。星期三的早晨，出发西行 1 小时后，隆美尔跳进了弗莱恩村附近的法国坦克。他的装甲车掉头去赴一个简短约会，接着他们重新向西急行，把敌人留给从右边赶来的第 5 装甲师。起先，德国坦克和 37 毫米炮还难以对抗法国的大型 Char-B 坦克，但高级通信设备帮

奋战的奖赏

经过在法国艰苦的战斗，国防军很少有部队能像党卫队的大德意志团那样享有崇高声誉。摩托化步兵师的古德里安将军领导了隶属于第XIX军的这支先锋队。这支队伍成立于1939年，由柏林警卫团改编而成，希特勒亲自为它改名。党卫队的成员来自帝国的各个角落。它拥有最精良的设备，它的成员受过最好的训练，墨绿色袖口上镶有该团的名称。作为回报，人们期望他们做出最大的牺牲。

被过快中止的进军

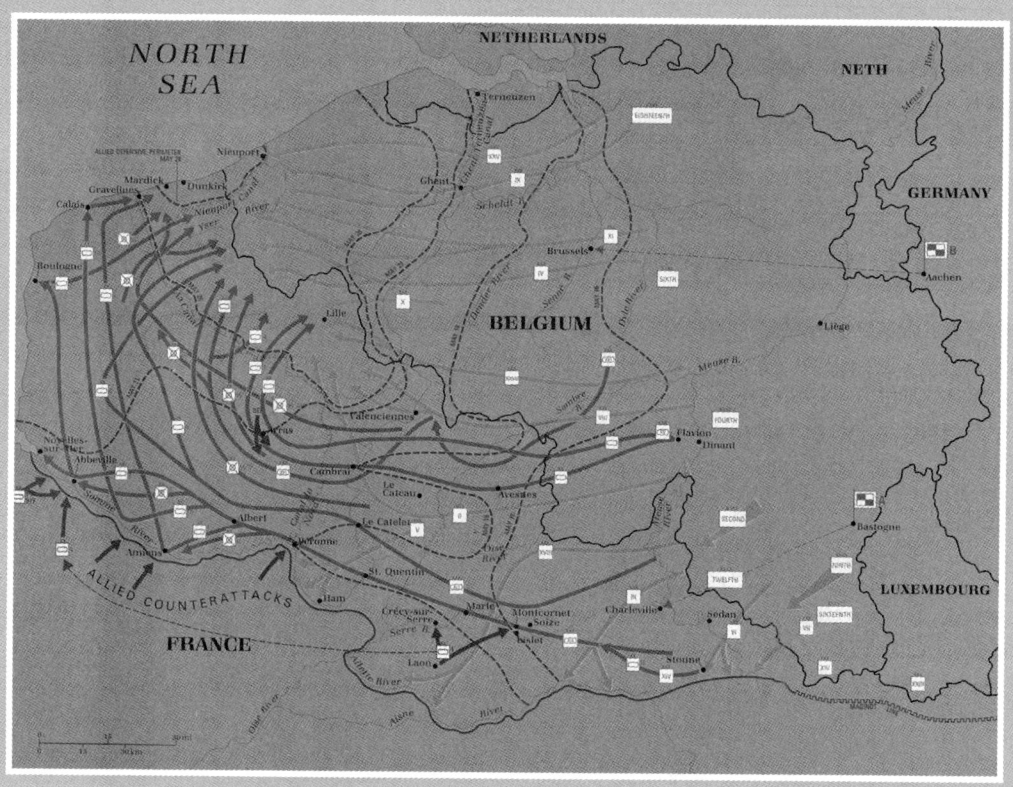

浅色箭头指的是德军于5月15日至28日向大海进军时的进攻路线；深色虚线表示盟军撤出的战地；深色箭头表示盟军反攻失败。截至5月24日，7支装甲师按兵不动，切断了盟军去往海岸的路。但经由希特勒同意的一道命令中止了这次行动，从而给英军一些时间巩固敦刻尔克的防线。当德军5月27日再次发起进攻时，最靠近海岸线的装甲车几乎无法前进，不过靠近内陆的装甲车把里尔附近的法国第1军团围住。5月28日，比利时人投降后，北边的德国步兵朝海岸急行军。但是第二天，希特勒命令大多数装甲部队撤退，把摧毁盟军的任务留给了纳粹空军，这个决定使大批英国部队得以从海上逃离。

他们用策略战胜了法国人。而且，法国的主机枪装在车体上，次机枪装在用铁箍箍紧的炮塔上，得经过装上、瞄准、开火 3 个程序，把坦克指挥官忙得够呛。而装甲车只有一杆枪，且装在可旋转的炮塔上，足以更快更精确地开火。

德国炮手对准了 Char-B 易受攻击的履带和散热器、通风孔。接下来几小时的战斗中，几十辆法国坦克被破坏或耗尽汽油。当第 1 装甲师在夜里慢腾腾地到达时，法国坦克只剩下 17 辆可用。

这时，隆美尔正坐在领头的坦克里，指挥第 7 装甲师以每小时 40 英里的速度西行。德国坦克边打边走，不停地旋转炮塔，不断地消灭盟军坦克。正午之前，他们经过第 9 军撤退时试图建立的默兹以西 15 英里的新防线。隆美尔停下来，等摩托化步兵赶上来，并且把俘虏集中起来。他的人也没收了几辆尚未损坏的坦克，加入到继续前进的坦克队里。

隆美尔在突击的第一天就越过南比利时，面对侧翼的威胁，他指挥部队向西退了 45 英里，在斯海尔德河找到新的据点。离早晨的出发点近 30 英里的小山顶上，隆美尔借着黄昏的光线，满意地回望车轮轧过的痕迹——“目光所及的地方尘土满天”。

第二天，5 月 16 日，隆美尔对 12 英里以西的法国边界发起强攻。等他越过边界，却遭遇了混凝土碉堡和反坦克路障。“它喷吐着火焰，”一名坦克指挥官报告，

“两辆坦克被打坏。一架反坦克炮从右方开火，打中了重型装甲队的领头坦克。通讯员的一条腿被打断，指挥官幸免于难。我紧挨着我的坦克躲着。敌人用中等口径的炮向我们猛烈开火。前方是厚厚的障碍物，后面有一道又宽又深的装甲车壕沟；路中央，已经建好了反坦克路障。”

隆美尔的工兵迅速清理道路。一支分遣队炸掉反

一名德国士兵和一位法国妇女正在察看炸坏的Char—B坦克。法国坦克的散热器和通风孔最容易遭到敌人的攻击。

坦克路障。其他工兵爬到碉堡外，向枪口里投掷6磅重的炸药，拖出被烟雾迷了眼的幸存者。“爆炸，令人恐惧的寂静，然后两枚信号弹闪耀天空，”坦克指挥官简单扼要地记录，“道路可以通行了。”

黑夜降临，隆美尔依然走个不停。为了吓唬敌军的炮手或可能打埋伏的敌军部队，他下令装甲车边走边开炮。“像海军一样，”他说，“枪炮齐鸣，射向左右舷。”月光下，隆美尔看得见路旁怪诞凄厉的景象，难民和法国逃兵被40英里以外的装甲车的轰鸣声吓得不知所措，“平民和法国士兵被恐惧扭曲了脸，在壕沟里、树篱下或路旁的任何洞里挤作一团。”

夜袭令法国人十分吃惊。装甲车把敌人废弃的坦克、大炮、难民的手推车推到一边，堆得老高。隆美尔的一些坦克在阿韦讷碰到了第1装甲师的残余部队。当隆美尔的领头装甲车绕道经过村子时，法国坦克在装甲车队中打开了一道突破口，意图切断隆美尔的部队。但是，曙光照亮大地的时候，德国人合上了这道突破口，第1装甲师的最后3辆坦克撤退。

直到5月17日早晨6点15分，隆美尔才下令停下来，站在莱卡图以东的小山上。他的装甲车自昨天早晨以来，已经走了近50英里。一名德国坦克指挥官拖着沉重的步子抱怨道：“我们看起来像猪似的，浑身是泥，黏黏糊糊的，好几天没刮胡子了。”

隆美尔不知疲倦。由于通信设备坏了，他不知道他的领头坦克和摩托化步兵掉了队。他爬进一辆装甲车，掉头赶了20英里路程去找迷路的部队。这回他的行动没有黑夜的掩盖了，他两面夹击，发起突然性的小型进攻。燃烧的车辆和法国败兵就露营在路旁。隆美尔在岔路口停下来，“向法国部队叫喊，发信号，告诉他们该投降了。”士兵们乐意遵命。许多法国卡车曾运送法国部队进入阿韦讷，现在却由隆美尔领着继续前进。不到24小时，隆美尔和手下俘虏了10000名战俘，而德国这一边的伤亡不过100人。

隆美尔的队伍浩浩荡荡地前进之际，古德里安正拼命地弥补浪费了的时间。5月16日早晨，他从默兹出发，留下第10装甲师在斯通护卫他的侧翼。第1和第2装甲师踩动油门，气势汹汹地在广阔的平原驰骋。

蒙科尔内附近，古德里安的队伍和莱因哈特南行的第XLI装甲军会合，古德里安朝圣康坦推进，而莱因哈特在西北面迂回，好靠近从右侧赶上来的步兵。那天晚上，古德里安的先锋队抵达色当以西15英里的马尔勒镇，该镇坐落在塞尔河上。当天古德里安已将默兹河的桥头堡扩大了40英里，所以他根本不把前一天晚上要求把上级前进时间限制在24小时内的命令放在眼里。他通过无线电命令所有部队次日早晨出发。

午夜过后不久，蒙科尔内以东索伊泽村的总指挥部给古德里安发来措辞严厉的消息。他的上级阻止他下令前进，要求他的装甲部队停下来，而且古德里安必须到索伊泽附近的一个飞机场和克莱斯特会面，并向他汇报。“他准时到达，”古德里安写道，“连声问候都没有，劈头盖脸地训斥我不服从命令。他不打算浪费一个词来赞赏部队的战绩。”

克莱斯特又一次传达集团军司令官的命令。伦德施泰特仍然担心南翼的情况，他认为古德里安每前进一步，南翼就增添一分受攻击的危险。伦德施泰特估计法国部队可能在任何时候发起反击，因此要求古德里安和莱因哈特停在瓦兹河，等步兵从左翼赶上来，沿着埃纳河形成一个东西向的防护网。古德里安意识到克莱斯特是他的复仇女神，他向克莱斯特摊牌，要求解除他的指挥权。克莱斯特既对自己夹在中间两面受气愤愤不平，又对古德里安愤恨不已，他命令古德里安将指挥权移交给他的上级。

古德里安如果知道希特勒本人也赞同停止前进的命令的话，他更会恼怒万分。元首“害怕自己取得的胜利，所以宁可把缰绳套在我们身上”，陆军总参谋长弗兰茨·哈尔德将军一向谨慎，如今也热情地支持装甲部队进军。5 月 17 日下午，希特勒乘车从石堡的指挥部前往伦德施泰特在比利时西南部巴斯托涅的指挥部，以表示他的关注。

伦德施泰特已达成了妥协。他一得知古德里安的辞职要求，就命令这位装甲师指挥官保留军衔，等待高级使者的来临。来使是第 12 军指挥官，陆军上将威廉·李

斯特，他的步兵正尾随古德里安的坦克军。李斯特是位60岁的巴伐利亚人，受伦德施泰特的委托，前来安抚古德里安。目前，第XIX军指挥部必须留在索伊泽，而古德里安却能开展“军事侦察”。

古德里安兴高采烈。伦德施泰特也许认定，既然古德里安总是从他的队伍出发采取行动，那么让陆军指挥部跟在后面便能拴住他了。但古德里安却把这道命令理解为给予他自由的权力。他迅速在他的指挥部和最前面的队伍之间铺设了好几英里长的电话线缆，这样他可以发布命令而不必担心上级听见。

1940年5月17日，一架150毫米自动榴弹炮引导第1装甲师穿过蒙科尔内。当天，夏尔·戴高乐上校发起猛烈进攻，意欲收回蒙科尔内镇，但遭到德国人的回击。

多亏他奋起抗令，他的坦克才很快再次跑动起来，开始在瓦兹河建立桥头堡。

这天的早些时候，当古德里安和上级发生口角的时候，他的第 1 装甲师遇上了伦德施泰特和希特勒都担忧不已的袭击，只是规模较小而已。袭击的领导人是 49 岁的法国上校，他的名字叫夏尔 · 戴高乐。他个子很高，鼻梁高挺，举止豪迈。不到一星期前，他刚刚拒绝了一项重要的政治任命——担任雷诺的内阁秘书，而成为了新组建的第 4 装甲师的指挥官。

戴高乐一向是新机械化武器的倡导者，他对法国军队的状况，尤其是它的装甲部队感到十分讶异。古德里安的第 10 装甲师在斯通把法国第 3 装甲师破坏殆尽，隆美尔的第 7 装甲师和第 5 装甲师在弗莱恩附近将法国第 1 装甲师横扫一空。第 2 装甲师被模棱两可的命令搞得摸不着头脑，他们分散在瓦兹河 25 英里的沿线，指挥官都找不到自己的部队。而戴高乐自己的第 4 装甲师实在太新，连大炮都是从老远运过来的，用他自己的话说，它“以前根本就不存在”。

最糟的是，法国人士气低迷。他们被德国人打败了，可德国装甲车队走得太快，来不及俘虏他们。匆匆赶路的德国人只是命令他们放下武器，走开些。对于沉浸于法国军事传统荣耀中的戴高乐来说，这真是耻辱。“我感到心中升起无穷的怒火，”他后来写道，“只要我活着，就要在任何需要我的地方战斗，直到打败敌人，直到雪尽国耻。”

5月17日，戴高乐带着他能召集到的3个坦克营（其中两个由旧的轻型坦克组成），既没有步兵跟着，也没有空军的支持，就从距古德里安在蒙科尔内附近的指挥部西南20英里的拉昂出发了。他的目标是尽可能久地阻止德国人沿埃纳河和艾莱特河形成东西向的防线，这样，如果德国装甲师转而向南的话，就可以保住巴黎和国家的心脏地带了。

戴高乐不理睬德国轻型摩托车和装甲车侦察队，4点钟径直冲进蒙科尔内。他的坦克在村子里一阵扫射，然后前往莱尔特村，那里是第1装甲师指挥部所在地。该师指挥官，陆军少将弗里德里希·基希纳两天前倒在地上睡觉的时候，一辆车轧坏了他的腿。他不得不在担架上指挥战斗。现在他严重依赖他的作战军官冯·基尔曼斯埃格中尉。

戴高乐的坦克冲进莱尔特的时候，正是基尔曼斯埃格在管事。他绕着小镇奔走，发现德国的军火补给队停在路上。“它们静静躺着，也不管阳光有多么暖和。”他下令补给队伍掉头回去，将他接替指挥的公告及时送出镇子，再朝东北方向到索伊泽给古德里安发送警报。

法国坦克进入了莱尔特。这时，镇子外高处的德国高射炮开火了。基尔曼斯埃格返回莱尔特的时候，发现村子“从一头烧到另一头”。两辆法国坦克在村子里扫射，其余的在一旁纹丝不动。后来，法国坦克再次开

为新的战役而改装

1939 年 10 月，国防军还在西墙后面的壕沟里。那年冬天，德国人利用所谓的佯攻，改装装甲师，以防止法国人进攻。军队吸取在波兰的经验，找到了坦克和轻型车的最佳组合。I 型装甲车逐渐淘汰出局，II 型装甲车仍是许多部队里最常用的坦克，它们将转而执行侦察任务。重型坦克是IV型装甲车，为了提高它的运动速度，人们不遗余力。然而生产的滞后打乱了推广IV型坦克和III型中型坦克的计划。多数队伍大量使用轻型车辆。一些装甲师配备了马力大的 38(t) 装甲车，这是德国人占领捷克斯洛伐克的时候强行征用的。装甲师指挥部偏爱轻型的半履带式装甲车，为此他们放弃了一些坦克，以提高机动性，又添了更多配有无线电的车辆，以便更好地控制战术的实施。新装备以及被全力诠释的战术论，再配上身着最新型的精致制服的坦克兵，使德国的武装军队成了世界上最有威慑力的部队。

坦克兵身着黑色紧身作战服，头戴有衬垫的贝雷帽。他们的衣领、领边和肩带都有一条粉色修饰物，这是装甲后勤部的专用颜色。衣领上饰有帝国护卫轻骑兵的银骷髅。

指挥车 Sd.Kfz.251/6

这种轻型半履带式装甲车在无线电隔间配有大型天线，可用于指挥和空中联络。左前方挡泥板上的纹章说明该车属于古德里安的第XIX装甲军。车篷上的记号便于飞机辨识。

IV D型装甲车

这种18.4吨重的IV型装甲车是1940年德国最有威力的武器。它配有75毫米的短管炮，外壳是30毫米厚的装甲板。司机和无线电通讯员坐在车体前方，指挥官、炮手和装子弹的士兵在炮塔隔间里战斗。

38(t) 型装甲车

38(t) 型占了德国用来对付法国的装甲车的 1/4。这种 9.7 吨重的坦克由 4 人操作，配有 37 毫米炮和两支机枪。此处展示的属于第 7 装甲师。醒目的红色数字表示它隶属第 25 装甲团第 2 连第 1 排。

始进攻，基尔曼斯埃格端起轻型高射炮，迫使他们掉头。他把他们的撤退归因于“缺乏战斗精神”。

德国侦察队潜伏在谷仓后面，用潜望镜搜索圣康坦附近法国军队的位置。这些侦察兵骑摩托车赶在装甲部队前面，以便检查地形和搜查敌人的下落。

其实，不是法国人缺乏战斗精神，是武器、燃料和人员的缺乏使戴高乐吃了败仗。德国自动炮沿着塞尔河开火，把他的另一个坦克队也赶了回去。祸不单行，当法国人返回拉昂的出发点的时候，又遭遇了斯图卡俯冲轰炸机。古德里安出于自己的考虑，直到第二天才报告了法国的袭击行动。他既认为不值得烦扰上级，又不想给上级增添焦虑。

5 月 18 日，星期六早晨，古德里安借“军事侦察”之名，再次把装甲车放了出去。8 点钟时，第 2 装甲师正列队穿过瓦兹以外 20 英里的圣康坦。装甲部队兴高采烈地加速前进，漫不经心地拿民用水泵给坦克加水。前进的最大障碍不是敌人，而是充斥道路的大批难民，他们乘着从公共汽车到儿童车等想得到的所有运输工具踯躅前行。据估计，800 万法国人、200 万荷兰人和比利时人流离失所。

装甲部队接近英吉利海峡的时候，得到了大批后勤部队的支援。摩托化步兵和常规步兵（还在用四轮马车拉行李和补给的老式步兵）跟在装甲部队后面，在南翼为他们提供保护。不过，使装甲师所向披靡的是纳粹空军的战斗机和轰炸机。斯图卡俯冲轰炸机现在每天都要轰炸 9 次，而英法部队的突围次数正在日渐减少。

纳粹空军和装甲部队从被占领的盟军机场交替前进。空军基地被占几小时后，又被特别坦克部队重新建好。容克 52 运输机队带着多余的物资、燃料、炸弹、军火和机组人员飞过来。从默兹附近的空军基地出发的一架斯图卡，几小时后可在靠近前线 50 英里外的地方着陆。他们还有其他优势，斯图卡飞行员布劳恩还记得，圣诞节前，他在以前的英军基地找到了足够多的雪茄和威士忌。

纳粹空军在观察空中局势。此时，装甲部队轻快的步子令盟军指挥官一片茫然。5 月 19 日星期日一早，不出法国人所料，莱因哈特的第 6 装甲师的部分兵力出现在莱卡塔雷村，他们俘获了亨利 · 吉罗将军。吉罗是

德国炸弹如入无人之境，亚眠城的房屋烧成一片。5 月 20 日，第 1 装甲师的部队占领这座法国城市以后，在地面上竖起巨大的纳粹卐字旗，警示纳粹空军停止轰炸。

在荷兰和比利时的法国第 7 军的前任指挥官，4 天前接替无能的科拉坡将军，掌管四分五裂的第 9 军。

克莱斯特后来回忆，俘获吉罗那天，他正在指挥部。他碰巧听到了法国广播宣布吉罗的任命书，这时，“房门打开，一名长相英俊的法国将军被引进来。他自称，‘我是吉罗将军。’他告诉我，他怎样乘一辆装甲车出发寻找他的部队，却发现来到了我的部队中央，我们比他预料的走远得多。”

同一天，古德里安和戴高乐的第 4 装甲师发生了一场小冲突。戴高乐在距圣康坦西南 20 英里的塞尔河畔克雷西打击古德里安的左翼，可是斯图卡简直无处不在，再加上一名法国中尉描述的“反坦克炮构筑的城垣”，戴高乐只得撤退。当天下午，古德里安的先锋队越过索姆河北部第一次世界大战时的战场。1916 年，德国人曾在那里靠着壕沟的防护坚守数月，抵御英法军队的进攻。当年的德国兵花了要命的 4 年时间才进入法国，现在新一代德国士兵将越过这片令人记忆犹新的战场，并对他们能在 10 天内比父辈们走得更远而惊讶不已。

黑夜到来的时候，装甲部队的方阵已经开辟了通往法国北部的宽敞通路。北边，第 XVI 装甲军的两个师从博克的 B 集团军转移出来；南边，古德里安的第 10 装甲师不再在斯通的侧翼执行任务，由 10 个装甲师中的 9 个组成新的部队，加入到这个方阵里来。这些德国坦克绵延 50 英里，从北部的瓦朗谢讷途经康布雷，一直延伸到南部的佩罗讷。

古德里安的人正在接近最后目标——英吉利海峡。当晚，他们再次接到上级指挥部关于自由行动的命令。5 月 20 日，星期一的黎明时分，他们离开诺尔运河时，开玩笑说，晚上就可以在海里游泳了。海岸线还有 60 英里远。皮卡第平原像薄烤饼一样平摊着，纳粹空军的

侦察机报告前方航线清晰。"我们感到自己好似良种赛马，"基尔曼斯埃格中尉说，"被赛手拉着缰绳，赛手冷静而深思熟虑，接着，他撒开绳子，飞奔而去。"

一辆燃烧的英国坦克冒出的浓烟遮天蔽日，这时德国参谋乘着无线电通讯车跟随第7装甲师投入阿拉斯附近的战斗。隆美尔于5月21日拍下了这幅照片。

在左方作战的第1装甲师正午前进入亚眠。古德里安抓紧时间游览了这座城市。当天下午，当第1装甲师在索姆河上建立桥头堡，准备向南推进时，他在亚眠东北成立了指挥部。在那里，他遭受了一次有敌意的空袭。"我们在被自己的飞机袭击，"他写道，"也许这是我们这边的不友好举动，但我们的高射炮开火了，打下了一架不小心的飞机。两名机组人员跳了伞。我们就在地面上等着，他们对此很不高兴，又很吃惊。

等更为尴尬的谈话结束后，我用一瓶香槟把两个年轻人灌了一气。”

古德里安还得和他的第 2 装甲师指挥官，陆军少将鲁道夫 · 法伊尔交涉。他的坦克抵达亚眠东北 18 英里的阿尔贝镇，他们动作神速，抓到了一个英国炮兵连，他们的枪上还装有训练用的弹药。可日头太晒，他们疲惫不堪。法伊尔报告，他的油快没了，请求停下来。古德里安拒绝了他的要求。于是，不知怎么搞的，又有了新的汽油。“不能相信指挥官报告他们快没油了，”古德里安写道，“只要他们累了，他们就没油了。”

第 2 装甲部队加了油，又被古德里安训斥了一通。

7点钟，他们到达了星期一的目的地阿布维尔。这里离索姆河口还有12英里远。古德里安还没有完全到达海岸，可他们的一支奥地利人组成的部队真的到了。他们驱车10英里，来到滨海努瓦耶勒，嗅到了海峡的宜人空气。他们的进攻在军事史上登峰造极。11天内，古德里安跑了200多英里路，穿过卢森堡、比利时、法国，像一把镰刀，切断了盟军的去路。两天前，希特勒还在咆哮，对装甲部队的安全忧心忡忡，现在他激动的情绪难以言表。“元首欣喜若狂，”国防军的作战总参，陆军准将阿尔弗雷德·约德尔在日记里写道，“他们对德国部队的表现表示了最高评价。现在正准备和平谈判。”

古德里安冲向大海，形成了一个袋形阵地，将德国走廊北部的约100万盟军困住。这些部队包括英国的9个师、法国的45个师以及比利时的全部军队，他们被堵在斯海尔德河西岸。这条100英里长的前线从比利时的北海港口城市泰尔讷曾向西南延伸到法国城市阿拉斯。盟军背靠大海，东面是博克的B集团军，南面是伦德施泰特的装甲部队。如果伦德施泰特向北转的话，盟军就被团团围住了。

盟军要想不从海上撤退或被全歼，主要得靠突破装甲部队，和索姆以南的法国部队连接起来。德国人向海峡的推进，拉开了装甲部队和步兵的距离。正如法国总司令甘末林被救出来以前，丘吉尔发给他的电报中所描述的：“乌龟的脑袋伸得太长了。恐怕从袋形阵地的南北两侧进攻，会收到奇效。”

德国装甲部队抵达海边的第二天是5月21日星期二。英国远征军司令戈特勋爵意图打击乌龟的脖子。他的作战计划是由装甲部队从阿拉斯向南袭击，这比甘末林先前提出的雄心勃勃的计划保守得多。甘末林建议，从南北两侧集中火力打击装甲部队。但5月19日，73岁的参谋长马克西姆·魏刚将军接替了他的职位，而这位将军推延了作战时间，直到他亲自调查并形成自己的计划为止。

当地的法国指挥官答应为戈特的进攻提供有限的帮助，他们决定向南朝康布雷协同作战。但他们在最后一分钟宣布，即使这样的努力也得推迟至少一天。第一次世界大战的英雄戈特决定独自前进，尽管这时向索姆突破的可能已经几乎为零。

部队于星期二下午3点出发。这支英国部队无论是任务还是编制都十分恰当。它的目标是“支援阿拉斯的驻军，封锁阿拉斯以南的道路”。队伍由两个步兵营和两个装甲营组成，有74辆坦克。而且，当他们在阿拉斯南部迂回，然后分两支南下进攻的时候，他们的右翼得到了法国第3轻型机械化师的坦克连的支援。

紧接着，最西面的队伍与隆美尔的第7装甲师的摩托化步兵在阿拉斯以西3英里的杜伊桑斯村发生冲突。英国兵突破德国卡车，占领了这座村子和更远的两个村子，然后继续前行。就在威利西面，英国坦克撞上

了武装党卫队的分部——骷髅师。这些摩托化步兵两天前进入法国支援隆美尔，相对而言伤亡较少。党卫队炮手迅速开动 37 毫米反坦克炮。令他们沮丧的是，弹壳从最重的英国坦克——30 吨重的 Mark Ⅱ或马蒂尔达身上弹了回来。这种坦克的外壳有 3 英尺厚，是法国和比利时战场上最厚的。一辆马蒂尔达连续承受了 14 枚反坦克炮弹，只不过留下了几个凹槽。德国人那边却在 1 小时内死伤近乎 100 人。

东面的英国部队也取得了惊人的进展，但接下来，他们不得不与可怕的隆美尔交手。英国人到来前几分钟，隆美尔还驱车前往后边的队伍，催促炮兵和摩托化步兵赶快合拢和装甲部队之间的缺口。他发现，他的人“陷于困境”，因此调集了反坦克炮和 88 毫米大炮，抵御前进中的敌人。他和副官在队伍里奔走，逐个交代任务。当炮兵指挥官抗议 1500 码的射程外难以精确射击时，他反驳道：“只有火力迅猛才能拯救局势。”他后来写道：“很快我们就将敌人的领头坦克报销了。”

一辆英国马克Ⅱ型坦克被废弃在法国树林里，坦克兵把它点燃，以免德国兵征用。这种 30 吨重的马蒂尔达上的 80 毫米厚的装甲板是 1940 年法国战区最厚的。

隆美尔的副官中枪倒在距他只有一码远的地方，他受了致命伤。隆美尔继续前进。他来到阿格尼村和博兰斯村之间的一个地方，有着坚硬外壳的马蒂尔达正在那里肆意攻击他的反坦克炮。他集中所有大炮和高射炮。暴雨般的弹幕射击，加上斯图卡及时的支援，阻挡了英国装甲部队的进击。一门 88 毫米大炮打坏了 9 辆敌军坦克。接着，隆美尔下令，阿拉斯以西的装甲部队从侧

翼和背后袭击英国坦克。战斗持续到黄昏，英军损失了大半坦克，只得后撤。

第2装甲师占领了法国港口城市布洛涅，战争的残骸堆积在古堡边。古老的城墙阻挡了坦克的去路，最后，德国兵用88毫米的大炮摧毁了它。

隆美尔的部队也损失惨重。他们伤亡400人，是这次行动中损失最惨重的一回。英军实力的微小而确凿的实证使一向镇定的隆美尔心头一震。他在官方作战报告中不无夸张地说，有“数以百计的敌军坦克”和“5个师的敌人”。

隆美尔的夸张之词立刻在高层引起反响，使英军的规模和战绩给人们造成的印象远远大于实际。因对暴露在外的装甲部队侧翼的担忧又一次抬头，伦德施泰特命令莱因哈特的第XLI装甲军停止向大海方向，即古德里安的北翼进军，如果必要的话，要准备向东到阿拉斯。

高层的怯懦立场也影响了古德里安的计划。打响阿拉斯战役的当天，他的装甲部队闲着无事，而希特勒和他的高级副官还在决定如何乘胜前进。他们先是开玩笑说，要派装甲先头部队到巴黎去，然后命令古德里安向北转。他的目的是控制海峡沿岸的港口：滨海布洛涅、加来和敦刻尔克。这样就能把盟军逃亡的道路封死，把他们困在佛兰德平原。但多半因为阿拉斯战役，古德里安只得削减兵力。他本想派第 10 装甲师前往不到 100 英里远的敦刻尔克，现在却被伦德施泰特留下了。古德里安还被迫从第 1 和第 2 装甲师抽出兵力来保卫索姆河的桥头堡。

两个师经过一天的休整（当兵的欢迎，古德里安却以为多余）后，于 5 月 22 日星期三一早向北进发。第 2 师绕海岸线前去法国的古老胜地和著名渔港布洛涅，第 1 师则走内陆，深入到 60 英里外多佛海峡的加来附近。第二天，第 10 装甲师归还古德里安，他又将他们派往加来增援第 1 师。

法国驻军和英国部队中的很多人新近才渡过海峡，尽管布洛涅和加来已经被切断和盟军的联系，也不再是有用的补给城市和撤退之地，他们仍然坚守着。在布洛涅，德军装甲部队的远程炮与英国战舰展开决战，德国步兵则挨个房子地搜查抵抗部队。布洛涅的老城区有一道30英尺高的石墙，坚硬无比，连装甲车和火炮都无法摧毁它。最后，作战部队借用中世纪的武器，从近处的房子里征来梯子，端着火焰喷射器和手榴弹，爬上大教堂旁边的围墙，用高射炮火轰击墙壁，才为坦克扫清了道路。布洛涅的守军5月25日才投降，加来更晚，他们坚持到了5月26日。

第10装甲师围困加来的时候，古德里安的第1装甲师正稳步向法国最北的港口敦刻尔克前进。5月23日夜里，他们在阿河运河上建了桥头堡。走在前面的坦克离目的地只有12英里远了。现在，古德里安在从海岸到最近的阿拉斯战场的运河沿线上布置了绵延60英

第7装甲师的一辆捷克造38(t)坦克跨过敦刻尔克以南的艾尔运河上千疮百孔的浮桥。5月24日，希特勒下令该部队在运河处停止前进。

里的坦克群。

德国部队进逼盟军，占领了法国和比利时的三角形领土，阿河运河河口的格拉沃利讷和东北部的泰尔讷曾之间的 80 英里海岸线形成了三角形的斜边。从西南压近的装甲师只是其中的一部分。三角形的直角边上，30 个师的德国兵正在靠拢，准备一场杀戮。敦刻尔克就是关键点。戈特勋爵和英国高级将领决定来一场大规模撤军。这时德国人还被瞒在鼓里。5 月 23 日夜里，古德里安的装甲部队静静地守在阿河运河，这里离港口不到半天行程。不到一个师的法国步兵封锁了他们的路。装甲兵离敦刻尔克很近，比想从那里逃跑的英法部队还近。多数英国远征军被布置在内陆约 50 英里处的里尔。

只有德国人的谨慎才能让装甲师停下来。自从阿拉斯战役以后，好几位指挥官都忧心忡忡。就在 5 月 23 日下午，古德里安的部队到达阿河运河之前，军官圈里还充斥着忧虑的气氛。克莱斯特为他的装甲部队的坦克状况烦恼不已。他估计有 50% 的坦克不能用了，其中许多是因为补给不足。克莱斯特把情况告诉第 4 军司令克卢格将军。克卢格正在担心坦克把步兵落得太远。他打电话给伦德施泰特："部队希望明天能缩短距离。"伦德施泰特同意了。克卢格打电话通知克莱斯特和霍特，装甲部队次日停止前进。

将军们显然没有因为这个指示而松一口气，直到希特勒亲自干预。星期五早晨，装甲部队进击运河沿线

1940 年 5 月 30 日，装载了过多盟军士兵的法国驱逐舰狂风号撞到磁性水雷，沉入尼约波特水域，几百名士兵落入水中。

的时候，他乘飞机来到伦德施泰特在默兹河边的查尔维尔指挥部看望他。希特勒不仅认可伦德施泰特中止前进的命令，还果断地为该命令施加了威力。他以他本人的名义下达指示，无限期地禁止越过阿河运河。

希特勒为这项指示列举理由。他一边仍然为装甲部队的南翼担忧，一边担心坦克会陷进敦刻尔克有名的沼泽地里。根据A集团军的作战日记，希特勒表示：“为了以后的作战需要，要节俭地利用装甲部队。”——摘自希特勒南下插入法国心脏计划的附注。

然而最为重要的是希特勒对纳粹空军司令赫尔曼·戈林的承诺。前一天，戈林从慷慨指派给他的移动指挥部“亚洲号”列车上致电元首，他颇为嫉妒装甲部队受到的关注，想要希特勒让空军这支最新式的部队干掉陷于困境的盟军。希特勒欣赏这个建议。于是，和纳粹党打成一片的空军才得以从老式部队手里攫取最后的胜利果实。元首利用伦德施泰特的暂时停顿，把争光的机会让给戈林的纳粹空军。

其余将军却对这道命令震惊不已。令总司令布劳希奇愤怒的不光是这道命令，还有希特勒自高自大的态度。公布命令之前，希特勒甚至拒绝与高级统帅部商量。伦德施泰特和希特勒一样，对此嗤之以鼻。哈尔德编了一套方案，让伦德施泰特向古德里安传达（而非命令）越过阿河运河的指示，遭到了伦德施泰特的拒绝。可是没多久，连伦德施泰特的下属克莱斯特和克卢格都对所有装甲车（用哈尔德的话说）“像生了根一样一动不动”看不过眼了。他们谨慎地提出了抗议。

令将军们宽慰的是，5 月 26 日星期日的中午过后，希特勒变得温和起来。他接到海峡频繁出现航运活动的报告，这表明一次撤退即将发生。他同意装甲部队向敦刻尔克前进。可是让人员和机器动起来要花时间。装甲部队直到 5 月 27 日黎明前才重新出发。

这时，装甲部队已几乎坐等了 3 天，而英国人正在筹划历史上规模最大的海军营救计划。戈特勋爵意识到，既然他在阿拉斯遭到失败，那么敦刻尔克的大规模撤军将是他的部队唯一的生还机会，虽然这时候魏刚和包括丘吉尔在内的戈特的上级都还期待着一次突围。戈特利用德军暂时停歇的机会准备撤退。他巩固了西线用于封锁敌人，还围绕海峡的港口建立了坚固的环形防线。

28000 名非战斗人员已经撤回英国。希特勒发动装甲部队几小时后，英国海军部下达全体撤军的命令，代号为“发电机行动”。此次撤军的决定多因比利时军队即将溃退引起。德国第 6 军突破了比利时守军和英国守军的会合点，打开了盟军的北部前线，要从侧翼包围英军。可是英军恰好撤回去了，这是因为 5 月 27 日晚上，比利时国王利奥波德勉强同意投降。国王和残余部队进行了英勇斗争后，沦为战争俘虏。一名德国军官评价：“越坚忍不拔，离死亡越近。”

比利时的有条件投降戏剧性地缩小了盟军的三角

形袋形阵地。第二天，5 月 28 日星期二，德国第 18 军的步兵抵达敦刻尔克东北 17 英里的尼约波特海岸，东线的直角边溃退。隆美尔的装甲部队夜里从西南面开来，在内陆的三角形顶点附近的里尔形成紧密包围圈。那里的英军已经趁着装甲部队的停歇时机朝海岸撤去，但德国人还是收拢了包围圈，抓住了大约 5 万名法国第 1 军的士兵。

德国部队接近大海的路上，在袋形阵地西侧遇到了顽强的抵抗。装甲部队遵从命令停下来的时候，英国在运河沿线布置了 3 个师，增强那里的一个法国师的兵力。隆美尔的左侧是摩托化党卫队骷髅师，他们现在隶属于艾里克 · 赫普纳的第 XVI 装甲军。5 月 27 日，该

德国士兵用双目望远镜注视着盟军俘虏排着长长的队伍离开敦刻尔克海岸，其他人，像左图中漂浮在潮水中的士兵，则没能活下来。大约45000名盟军士兵在快速撤军地区被俘或被杀。

部队死伤人数达到700人，其中的一个连还犯下了恣意杀戮的罪行。根据陆军中尉克内莱因的命令，100名英国皇家诺福克团的士兵背靠谷仓的墙壁，被机枪扫射。两名幸存的英国士兵证实了这一事件，战后，克内莱因被宣告有罪，执行绞刑。

古德里安的第XIX装甲军沿着海岸向敦刻尔克前进，他们的步履出奇地慢。两天了，他们都没走出6英里去。沼泽地和待修的坦克曾是希特勒下令停止前进的颇有说服力的理由，果然现在他遭到这些因素的妨碍。可是，更加妨碍前进的还是英军的顽强抵抗。5 月 29 日，根据古德里安的建议，他的部队和其他所有装甲师（只有一个除外）撤回去休整，以便向法国进军。

现在只剩下步兵和纳粹空军会集到面临严峻考验的海岸线了。盟军部队井然有序地撤退，后卫部队亦防守有力。5 月 30 日，装甲部队撤出的第二天，除开坚守里尔的部队以外，所有英法军队全部集中到了撤军地区。盟军最后的袋形阵地从敦刻尔克西南 5 英里处的马地克海岸延伸到东北 17 英里处的尼约波特。阵地中心大约 6 英里的突出部分很快收缩到两翼。

德国进攻部队缩减成 10 个师，余者撤军备战南方，但指挥结构仍然保留。集团军、军和兵团政出多头，根本无法协同作战。随着注意力从最高统帅部转移到即将到来的进攻，第 4 军的作战指挥官维斯曼上校得到的印象是：“没有人再对敦刻尔克感兴趣了。”

德国人低估了撤军的规模。连丘吉尔也推测，能过海的部队不会超过 3 万人。可是到了 5 月 31 日，5 倍于该数字的部队成功撤离。当天晚上，哈尔德将军写道：“我们在为失误受惩罚，全怪上级干预，要切断海岸线。”

敦刻尔克的决战发生在海滩上空。戈林向希特勒保证过，英国士兵一个也逃不了，所以空战异常猛烈。

纳粹空军司令的轻率承诺使他的高级军官从一开始就深为忧虑。他们知道，他们的飞机没有训练过袭击船只和海港。而且，海水和泥沙就像减震器一样，降低了炸弹的效果。何况经过了 3 个星期的持续战斗，许多空军中队都疲惫不堪，战斗力大减。

纳粹空军仍然向海域投放了 500 架战斗机和 300 架轰炸机，使战斗呈现吉兆。5 月 27 日星期一是全线撤军的第一天，炸弹划破了天际，照亮了码头、城镇和海港西边的油罐车。斯图卡呼啸着俯冲 1500 英尺，向驱逐舰、运输舰和其他拥挤在海港的船只投掷炸弹。

在那个热闹非凡的星期一，掩护轰炸机的梅塞施米特 109 式战斗机也扮演了另一个角色。他们用机枪猛烈地扫射在岸上和 1000 码长的码头列队上船的兵士，子弹从飞机上飞溅入水，地面上的人说："那噼噼啪啪的声音好像煎肥肉一样。"一位梅塞施米特 109 飞行员特米回忆在海岸上空 300 英尺处用机枪扫射的情景："我痛恨敦刻尔克，那纯粹是一场屠杀。"

由于空中的沉重打击，英军第一天只撤走了 7669 人。德国人虽初战告捷，但亦有不祥之兆。纳粹空军第一次无力宣告它在空中的霸权地位。英国皇家空军有最新式的武器：飓风式战斗驱逐机和喷火式战斗机，它们再次对德军装备提出挑战。据轰炸机飞行员空军少校克里波报告，"它们像狂暴的复仇者一样"越过缓慢的道尼尔。一支喷火式战斗机中队掠过 12 架道尼尔，迅速破坏或打瘫了其中的一半。喷火式战斗机不仅行动敏捷，武器强大，还能在一天内来往于英国南部的基地之间完成4次突围。斯图卡飞行员布劳恩说：“这是我们头一次尝到真正的战争滋味。”

5月27日过后，纳粹空军又面临另一个陌生的敌人。整个行动中，盟军曾绝望地称为“戈林天气”的飞行条件发生了逆转。雨雾夹杂着黑云般的浓浓油烟，笼罩着海岸和港口，挡住了德国轰炸机和战斗机的视线，降低了它们的战斗力。

5月29日星期三下午，趁着天气转好，德军发起进攻。

轰炸机击沉了3艘驱逐舰和5艘运送英国士兵的运输舰。几架德国飞机也被击落。6架飓风式战斗机掠过由赫曼上尉指挥的容克88轰炸机，打中了两只引擎。飞机坠入水中，但赫曼和飞行员及时地跳出飞机。他们上岸后才发现来到的是一个无人居住的小岛，于是只得又回到冰冷的水里。他们在浅水中跋涉，寻找自己人。这时，他们看见了导致他们困境的一架飓风式战斗机上的飞行员。他也被击倒在地。德国兵拖着英国皇家空军的飞机上了天。这些浑身脏兮兮的人终于回到德军队伍。赫曼征用了一辆大型黑色豪华轿车，载着他的人和俘虏回到比利时的纳粹空军基地。

那时候，英国已经出动了由1000艘战舰、游艇、驳船、拖捞船和拖轮组成的混合舰队，把战士们送回家。

由于天气恶劣，德军暂缓战斗一天，然后又一次向桥头堡发起攻击。但皇家空军的坚强反击使 68014 名英军士兵得以成行。6 月 1 日，星期五，敦刻尔克晴空万里。纳粹空军宣称，他们的轰炸机击沉了 235 艘船只中的 4 艘驱逐舰和 10 艘大型船只。激烈的混战使敦刻尔克的死亡名单大增，总共损失了 177 架英国皇家空军的飞机和 240 架纳粹空军的飞机。

接着，天气又转阴。纳粹空军再也没有机会使戈林所夸口的变成现实了。德军步兵向桥头堡推进，他们（而不是空军）造成的压力使撤军于6月4日宣告结束。德国步兵当天早晨进入敦刻尔克，发现那里一片狼藉。尸横遍野，废弃武器随处都是，2472 支枪，63879 辆汽车，76097 吨弹药散布其间。4 万名法国士兵在撤军的最后阶段英勇地掩护了袋形阵地，他们也留在了敦刻尔克。

希特勒颁令，第三帝国的所有钟长鸣 3 天，庆祝胜利。德国人欢欣鼓舞，鲜有人意识到鸣响的胜利之钟声有多么空洞。多亏希特勒和几名高级指挥官的错误判断，敦刻尔克的雄壮篇章有了收尾：338226 名盟军士兵被拯救，他们将继续投入战斗。

比利时步兵战

在比利时，战斗的压力落在步兵身上。博克将军的B集团军的任务是，使盟军误以为他们承担主要进攻任务。博克的21个步兵师与比利时军队、英国远征军和法国第1军等代表盟军最精良部分的35个师展开较量。虽然没有远方闪电战的魅力，但博克的步伐同样坚定。很多战斗都可怕地再现了第一次世界大战中德国人的铁蹄践踏比利时的情景。和那时一样，步兵艰难地穿梭于纵横交错的河流间，不断遭到大炮和狙击兵的攻击和四面埋伏。步兵向西缓慢行进，支援他们的只有纳粹空军。

5月16日，大批优秀的盟军队伍为了避免被南方的装甲车从侧翼包围，开始了战略性撤退。后方部队用轻型坦克、机枪和爆破炸药掩护。他们承受着空中打击，排除难民潮拥堵道路的困难，顽强地战斗着。

5月22日，根特－泰尔讷曾运河爆发了激烈的战斗。“敌人通宵保卫运河，现场打得不可开交，人仰马翻，”随第18军的德国记者莱克斯讷报告，“尸横遍野，树枝像飓风袭击了似的劈裂开来，地面和墙面都遍布弹坑。”

德国步兵取得了胜利，3天后，他们发现了比利时和英国部队之间的一块脆弱的断口。他们不懈地前进，5月31日抵达海滨城市尼约波特。前面17英里处就是敦刻尔克。

经过精密部署，一个步兵班无须装甲部队的支援，风驰电掣般地冲进德军贯穿比利时高地途中的小村。

这3张图片记录了穿过比利时时的一个戏剧性情节：黄昏时分，在安特卫普郊区绿树成行的路上，一支德国巡逻队遇到了麻烦（右图）。远处传来引擎的轰鸣声，然后，通讯记者莱克斯讷说："我们看见两辆坦克从300米的前方开过来。"德国人埋伏起来，举起反坦克炮开火。一辆坦克撤到路旁，另一辆埋伏在农舍后面，径直炮轰过去（上图）。"没有什么动静，"他说，"那伙人逃跑了，要么就是烧死了。"但德国人（下图，右图）仍然很警觉，"我们始终和垂死的铁龙保持一定距离"。

两名德国兵第一次巷战，他们经过一名受伤的法国兵。这名法国兵出门的时候遭到枪击，他做出求救的手势。

第 XXVI 步兵军的战士蜷伏在壕沟里，躲避英国部队的炮火，他们等待着机会渡过尼约波特运河。这条运河窄得足以使工兵们将厚木板架在驳船的甲板上，凑合着建一座桥。

架着眼镜的德国军士携带弹药箱，将手榴弹藏进靴子，召唤他的人接受从谷仓跑出来的法国部队的投降。

3. 雪耻

希特勒和他的指挥官们都没有对盟军的敦刻尔克大撤退悔恨不已。1940 年 6 月 4 日，当撤军的最后一只船离开被围困的港口，德国人已经准备好发起了第二阶段春季进攻。几周内，英国的顽强抵抗又开始困扰德国高级军官。不过现在他们所有的注意力都转移到了法国。由于这场战争取得如此痛苦的结果，一直到所有战争结束，这里都成了德国泄愤的主要目标。

5 月 28 日，希特勒终于同意了代号为“红盒”的征服法国的计划。这项计划要求在法国北部 225 英里的前线，也就是从英吉利海峡向东，沿索姆河和埃纳河，一直到西北终点——蒙梅迪的马其诺防线，重新部署德国军队。博克将军的 B 集团军早些时候已进入荷兰和比利时北部，他们将向西沿索姆河前进。伦德施泰特将军的 A 集团军已穿过阿登高原，他们将向东沿埃纳河部署军队。李布将军的 C 集团军则留在马其诺防线。进攻将从西向东分三拨进行。博克的队伍最先发难。6 月 5 日，他们将从索姆向南压进，从巴黎的两侧绕到塞纳河，将首都围困住。4 天后，伦德施泰特的部队将穿过埃纳河。一些部队将向南前进，另一些朝西南方向牵

1940 年 6 月 11 日，古德里安将军在穿越法国的路途中停下来，在拉纳维尔接过第 1 步兵团指挥官、陆军中校赫尔曼·巴尔克捕获的旗帜。

征服行动的触角

这是一张法国地图。它表明，入侵德军在1940年6月上旬的部署（顶部），以及德国步兵（浅色）和机械化部队（深色）随后走的路线。6月5日，B集团军沿索姆河发起进攻，4天后，A集团军沿埃纳河也发起进攻。最初的进攻由隆美尔的第7装甲师、曼施坦因的第XXXVIII步兵军，还有克莱斯特的武装部队（第XIV装甲军和第XVI装甲军）完成。隆美尔和曼施坦因很快前进到了塞纳河，克莱斯特的装甲部队（包括3支武装党卫队）却在巴黎北部遇到了顽强抵抗，他们只得转而向东利用步兵开辟的通道。终于，他们深深地插进了法国。与此同时，在古德里安的指挥下，A集团军朝瑞士方向切断了驻守马其诺防线的法国部队的退路。6月14日，C集团军扑到马其诺防线，法国的命运就此决定。8天后，法国政府同意停战，这使它在南部遣散区的管辖权受到限制。

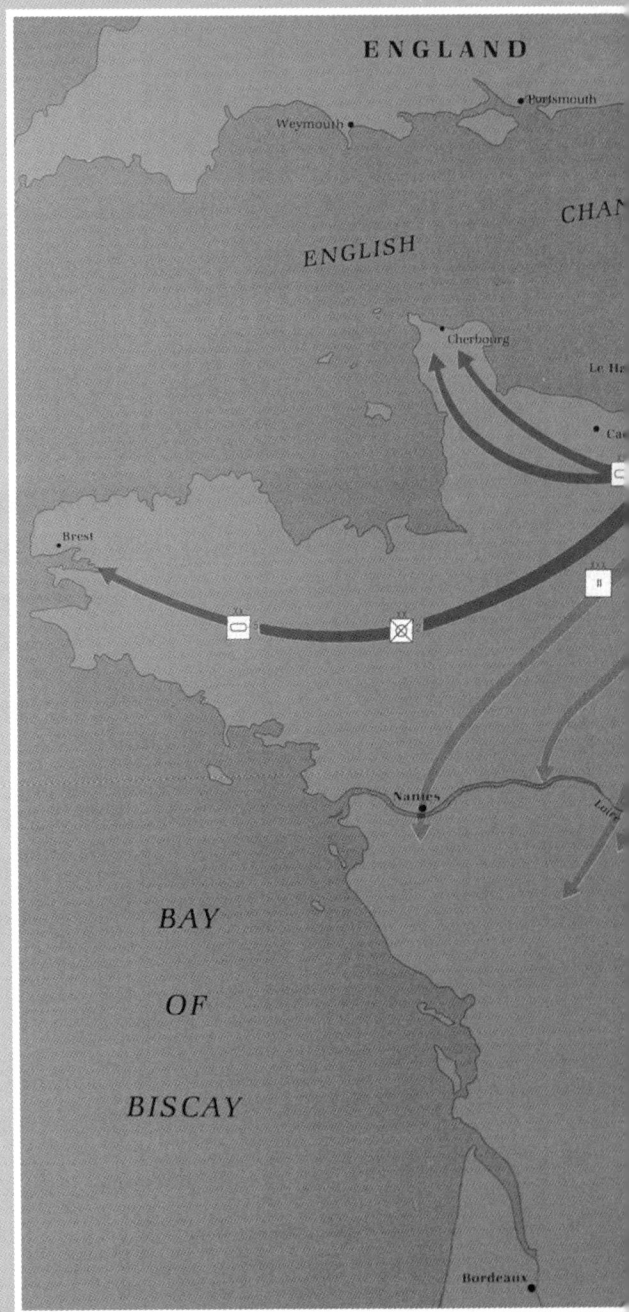

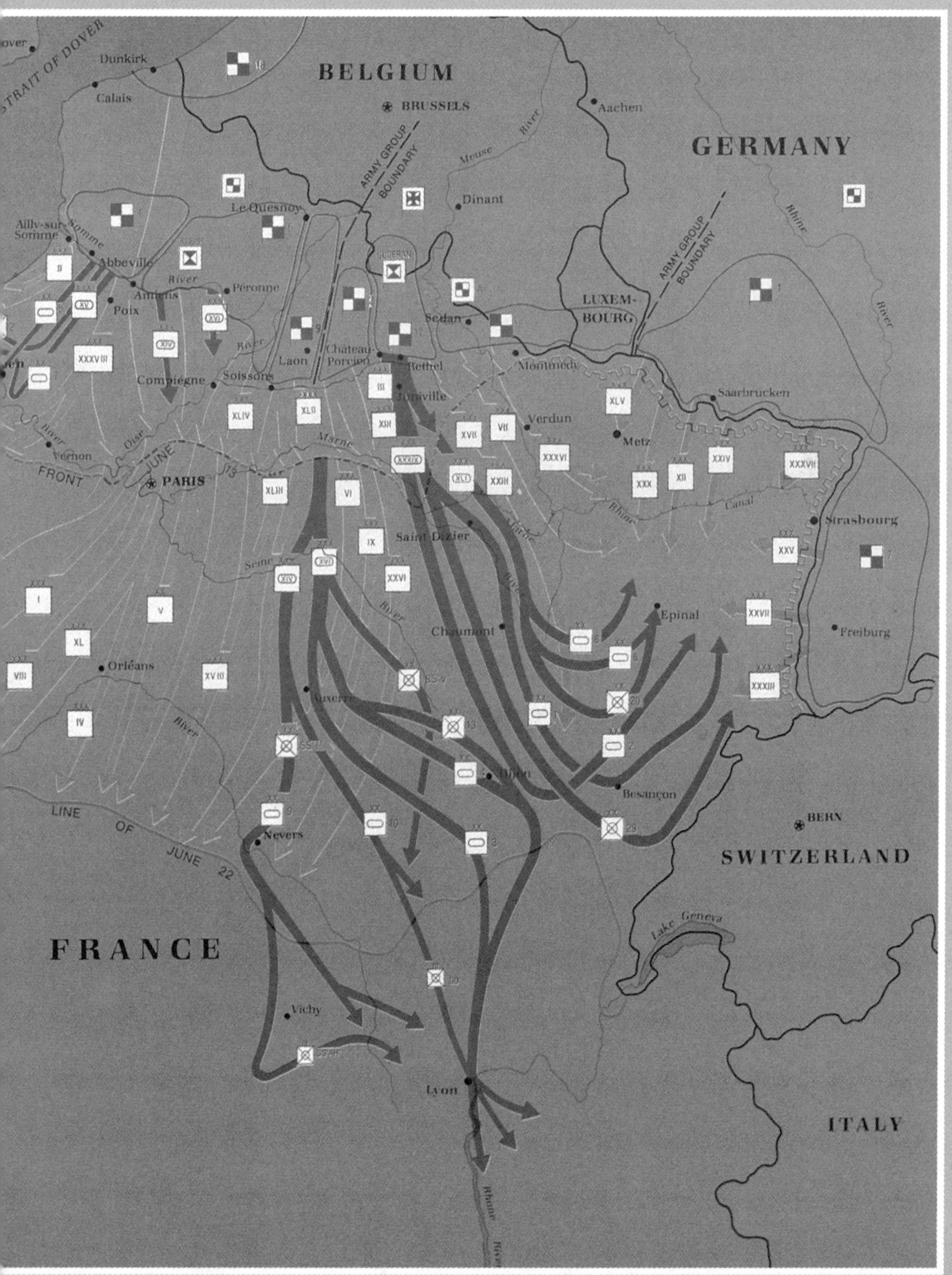
BELGIUM
GERMANY
LUXEM-
BOURG
FRANCE
SWITZERLAND
ITALY
STRAIT OF DOVER
Dunkirk
Calais
BRUSSELS
Aachen
ARMY GROUP
BOUNDARY
Dinant
Le Quesnoy
Abbeville
Amiens
Péronne
Poix
Sedan
Laon
Château-
Porcien
Rethel
Montmédy
Compiègne
Soissons
Juniville
Saarbrucken
Verdun
Metz
PARIS
FRONT
JUNE 13
Strasbourg
Saint Dizier
Epinal
Chaumont
Freiburg
Orléans
Auxerre
Dijon
Besançon
BERN
LINE OF JUNE 22
Nevers
Lake Geneva
Vichy
Lyon
Rhine
Marne
Seine
Meuse
Canal
Somme
Oise
Rhône

制住据守马其诺防线的法国军队。接着，几天后，李布的部队攻破盟军的防线，给予盟军致命的一击。

德军在三叉形进攻行动中，处于巅峰状态。5月份召集起来的136个师中，大部分还能打仗。国防军野心勃勃的装甲师指挥官们（包括隆美尔、克莱斯特、古德里安在内）都准备好了再一次带路。纳粹空军虽然5月里受了些损失，但也已准备就绪。法国却在最近的战斗中损失了成群的空军、大部分装备和整整1/3的部队。他们也没办法指望英国人来解救他们。英国远征军只剩两个师还留在欧洲大陆作战，除此以外，还能有两个师前来救援。多数英国部队自从敦刻尔克撤军以后，都得花好几个星期重整旗鼓，以备德国人越过英吉利海峡。

面对现实，法国人匆匆忙忙地重整队伍。法国总司令魏刚将军决定不像以前那样沿着细细的防线部署军队，他在村庄和树林等既有障碍物周围布置了密密麻麻的队伍，被称为“四方棋盘”或“西洋跳棋盘”。魏刚试图建立巩固的防御系统，以防止德国人像5月份那样取得快速突破。然而，将军苦于缺乏武装部队和机械化步兵部队的储备力量来巩固要塞和堵住防线上的缺口。痛心之下，将军向士兵训诫迅速固守的重要性。他告诫道：“系国家命运于一身的战斗就要从我们据守的地方打响了，至于撤退，想都不要想。所有军官，从军一级到排一级，都要下定决心，战斗到死。”

魏刚对防御系统拼拼补补的时候，德国步兵和装甲部队正以惊人的步伐开进防线。纳粹空军司令官凯塞林将军对装甲军如此迅速的重新部署大感惊奇，“我从空中看到，克莱斯特和古德里安的武装部队朝着索姆和埃纳河迂回行进。在打击了海峡之后，没人能抑制住对德国的指挥技巧和灵活性以及对部队的作战适应性的自豪感。”装甲部队去往的战场正是第一次世界大战中德国部队被最后扫出比利时的大屠杀地点。现在，希特勒的部队得意扬扬，他们满怀自信不会重蹈覆辙。“我们又开始行动了，”6 月 4 日，隆美尔的第 7 装甲师准备穿越海峡附近的索姆时，他写信给妻子，“这次进军不会很艰苦。我们赢得越快越好。”

次日清晨 4：15，隆美尔在他的炮兵指挥部观察索姆沿线的弹幕射击。“我们的炮弹遍地开花，”他在日记中写道，“几乎听不见敌人的反击声。”隆美尔的战区内，法国人只剩两座铁路桥还横在索姆河上，他们盼着在反攻中派上用场。5 点钟，隆美尔的先锋部队第 6 步兵团借助弹幕射击，控制了这些桥，并移走其中一座桥的铁轨，为德国装甲部队扫清道路。一小时后，第一辆车咔嗒咔嗒地过了桥，蹒跚地开上远处的斜坡。

几英里外就是法国人寄予厚望的众多要塞之一——莱昆斯诺镇。由于敌人的地面炮火阻击，加之一辆坦克坏在铁路桥上，隆美尔的装甲师排队通过速度很慢。但到了下午 3 点，他预备对该镇来一场暴风骤雨似的袭击。第 25 装甲团遵照命令插在第 6 步兵团的中间引导进攻。

隆美尔的第7装甲师（上图）蛇行穿过山谷，向索姆开去。6月5日黎明，铁路桥上一辆熄火的Ⅳ型装甲车（下左图）挡住了过河的路。坦克挪开后，德国装甲部队冒着法国的地面炮火继续渡河（右中图）。“伤势虽轻，”隆美尔写道，“但猛烈炮火对士气影响巨大。”

装甲部队的任务是集中火力打垮镇上的抵抗者，然后留下步兵保卫重镇，再加速前进。隆美尔骄傲地写道，他的袭击部队不折不扣地完成了任务，他们协同作战，有条不紊，就像“平时的演习一样”。

把守莱昆斯诺的法国殖民地部队为袭击做好了充分准备。抵抗者们把小镇附近围墙上的石头挪开，形成瞭望孔，机枪和反坦克炮可以架在这里，构成对敌人的威胁。可是，还没等这些武器造成多少伤害，德国兵工厂生产的最重型坦克——Ⅳ型装甲车——就抵达当地，用 75 毫米口径的火炮把障碍物轰个粉碎。与此同时，坦克部队把小镇团团围住，暴露了魏刚的战略防御措施的薄弱。“一刻不停地开火，”隆美尔下令，“坦克在莱昆斯诺两侧列队，在南面广袤的平原上开

出来，穿过茂盛的玉米地。目力范围内的任何敌人，要么射死，要么强令撤退。”德国步兵结束了在该镇的任务。入夜时分，隆美尔的装甲师取得突破。他汇报：“坦克、防空炮和地面炮，步兵配备着所有这些东西，在该国急行军，并深入腹地。平原之夜，尘土满天飞扬。”9点，隆美尔自信地向索姆以南 8 英里的总指挥部汇报，“前方一片寂静，敌人已支离破碎。”

前线的其他地区，德国指挥官们争相报告着惊人的收获。隆美尔的左边，5 月进攻行动的总设计师曼施坦因将军接受了令人沮丧的任务。当天早晨的索姆河上，他的第 XXXVIII 步兵军不得不与集中在南岸的几座村庄里和悬崖峭壁上的树林里的法国部队交战。曼施坦因为了震慑敌人，拂晓之前就把部队移到了北岸。在迷雾的笼罩下，袭击部队乘橡皮筏子过河，或走过可充气的浮桥。丹格尔军士在队伍里等待渡河。在令人消除敌意的一片平静中，他不禁动容：“微风拂动着树。水禽从藏身之所游出来；鸟儿在齐腰高的地面上空飞翔。难道这就是本世纪曾吞噬了 150 万人的场所吗？世界如此祥和，仿佛没有发生过战争，也仿佛明天不会将此地变成人间地狱。南岸寂静无声。法国人好像都睡去了。”

曼施坦因等着他的先遣队涉水过河，建立小桥头堡。接着，随着第一道亮光，他发动了弹幕射击。炮火重创远岸的法国据点，工兵们将可充气的浮桥接起来，步兵则划着橡皮筏子过河。当丹格尔带着他的连队抵达南岸，才发现法国人全醒着。“岸边沉睡的村庄都变成了喷射炮火的要塞，”他写道，“我们必须逐个房子逐条街地打。”这里的抵抗者有两个师，分别由阿尔萨斯人和殖民地黑人组成。他们把魏刚的严厉告诫牢记在心：固守此地，决不撤退。大约6点的时候，一个德国摩托车队开过其中一座浮桥，进入索姆河畔的阿伊村，那里乍看上去好似废墟。谁知在拐角处，司令官的领头车遭遇了由胡乱堆放的铁轨、混凝土块和缆绳组成的路障。德国兵小心翼翼地下车清除路障，却惊讶地发现房顶上、窗户里乃至地窖里，到处吐着炮火。幸存者慌忙躲避，他们在子弹乱窜的灰土和砖块之间，难以寻觅法国狙击手的安身之所。司令官一声令下，步兵跑回车内，顺原路撤退，只留下工兵们在其后用火焰喷射器消灭村子里的抵抗者。

河岸两边峭壁的树林里，法国步兵和炮兵承受了来自空中的疯狂报复。斯图卡式飞行中队带着尖厉的噪声俯冲下来。“响声震耳欲聋，连地面都在颤抖，”丹格尔记录，“森林开始燃烧。烟蹿出树顶，很快形成了又浓又厚的黑云。”可是，抵抗者们坚守着，阻挡潮水一般涌入的德国人。曼施坦因后来也承认法国对手勇气可嘉，尽管他的溢美之辞沾染了民族优越感。“敌人打得很勇敢——黑人带着嗜血的天性和对人类生命的蔑视，阿尔萨斯人则带着曾给一战期间的德国造就了诸多优秀战士的阿勒曼尼人身上特有的顽强。而现在却要把这些德国小伙子视为敌人，真是悲剧啊。”

法国要塞曾有一小会儿挡住了曼施坦因的前进，但德国的兵力过于强大。夜间时分，德国部队绕开抵抗最激烈的区域，爬上陡峭的河岸占领高地，地面炮也从河对岸搬过来，用于瓦解南面的重镇。好戏就要开演了。

开战的第一天，博克的另一些袭击部队遭遇了更顽强的抵抗。索姆河上游的远处，克莱斯特的两支装甲部队——第 XIV 军和第 XVI 军——已经深入法国抵抗运动的中心，巴黎北部的要地。佩罗讷以南的抵抗最为激烈。由第 3 和第 4 装甲师以及一个摩托化步兵师组成的第 XVI 军正经过那里。坦克首先溜过法国防线的裂口。隆美尔也用过这种伎俩。据一位法国将军的观察，克莱斯特的装甲部队“远远避开那些前线要地，只偶尔派出一两支队伍侦察某个村子外围并且制住它，或者向步兵伸出援手，但从不恋战。”

这次鲁莽却成功的前进把装甲部队置于危险之下。正午，多数德国坦克都在步兵前方 6 英里位置，超出了大炮的有效掩护范围，他们的供给线被切断。而这里的法国抵抗者比隆美尔遇到的藏得更深，也更顽强。坦克“迎来了地狱般的炮火攻击，”第 4 装甲师的一名中尉这样报告，“刹那间，第一辆车便被交叉火力袭击，烧成一团。这场面实在令人沮丧。”装甲部队的苦难才刚刚开始。以后的两天里，第 XVI 军将损失近 1/3 的坦克，余者苦于缺弹少药，难以占领阵地。最高统帅部将克莱斯特的两支装甲军都拉回来，安置在步兵已扫清了道路的更远的东部。

像这样的撤退只是例外。截至 6 月 6 日，双方都已了然，魏刚的防御计划被粉碎。法国人四处把守防线，却被入侵的德军弄得分崩离析，孤立无援。不久，一名法国军官观察魏刚的四方棋盘“只不过是一组小要塞，并且各自为战”。曼施坦因那边，当 6 月 6 日他们从索姆河向南推进的时候，法国的抵抗戏剧般地减弱了。德国人经过前一天的交火之后，疲劳不堪，他们保持着机警，这时他们对敌人毫无抵抗感到惊讶。曼施坦因在前线巡游了一天，鞭策队伍前进。当一名团指挥官表示不愿袭击索姆河下游一座显然已废弃了的村子时，曼施坦因带着嘲弄的口吻对副官和司机说：“我们开车进入村庄，发现那里的人已经疏散，附近树林里的高地和前面的边界也一样。我怀揣这些情报返回部队，部队正准备前进，我建议他们以后自己去侦察。”曼施坦因如此讽刺，部队只得赶紧行动。6 月 7 日，他的先遣队抵达距出发地 15 英里的普瓦。

这时候，隆美尔的装甲师正在从莱昆斯诺南行，他们走得很快，像一根楔子插进携有两个英国师的法国第 10 军。隆美尔不去怀疑敌人是否集中在大村寨和沿路，相反，他解释说：“要笔直穿过这个国家，越过没有路的土地，要翻山越岭，穿过树篱和栅栏，走过玉米地。坦克这样择路而行，第 37 侦察营和第 6 步兵团的不太用得上的车辆才可以跟在后面。”路上有几次厉害的冲突，但经过了四天四夜，行军 90 英里，6 月 8 日午夜，隆美尔的装甲部队逼近了鲁昂附近的塞纳河。同一天夜里，曼施坦因下令他的先头部队第二天催促摩托化部队赶到弗农的塞纳河，并力争过河。巴黎东北部，德国步兵战胜了法国的顽强抵抗，控制了苏瓦松镇。博克的军队把对着巴黎的钳子夹紧了，国防军准备第二次吹响毁城之声。

对于古德里安来说，他的装甲部队穿越比利时太过神速，现在巴黎之战却慢得让人恼火。5 月 28 日，这位晋升为装甲集团军（包含第 XXXIX 军和第 XLI 军）的司令官因为 6 月 9 日袭击伦德施泰特沿着埃纳河的路线中心位置而受到强烈谴责。古德里安的一些坦克已经从海峡行进 200 英里来到了新的据点。此时博克的军队先沿着索姆河打仗，他们却能休息好几天，战士们备感欢欣。这间歇却让他们的司令官焦虑。古德里安从来不是二话不说就执行命令的人，现在却被下令停止前进，直到步兵在南岸建立了几个巩固的桥头堡为止。他询问长官——第 12 军司令官李斯特将军，要求撤回命令，让他的装甲师自己创造好机会。“我不在乎利用步兵师进攻的主意，”他解释说，“他们的补给太多，快把路堵住了，我担心可能难以指挥。但是，司令希望保护装甲师的实力好用于决定性的突破，所以拒绝了我的要求。”

渡过埃纳河后，古德里安倚在半履带式装甲车上，和第 8 装甲师司令阿道夫·孔岑将军交换意见。他那辆丑陋的车使他靠近不断变换的前线战场，并与他的与众不同的部队协同作战。

于是，6 月 9 日早晨，古德里安发现自己很不习惯

于等待机会。大约正午时候，他接到勒泰勒下游河边的瞭望哨传来的话，步兵没能在镇子周围建立桥头堡。法国人按照魏刚当天上午发表的声明有力地反击：“德国人沿着从大海到蒙梅迪的整个前线进攻了，我命令，人人都要战斗，向着前方，不准撤退。”抵抗十分激烈，古德里安的 8 个桥头堡只建好了一个。它位于勒泰勒以西的波尔西安堡，不过 1 英里宽。但古德里安决定利用它。他命令第 XXXIX 军的第 1 装甲师趁夜前进。

暖洋洋的下午，第 1 装甲师的坦克兵们不想在车内受着烘烤，许多人脱下夹克，在路边休息，有的干脆脱光了在附近的小溪里游泳。这一景象引起了来和古德里安交换意见的李斯特的注意。“李斯特怒火冲天地抓住师司令官，”古德里安回忆，“想知道为什么我的部队还没有通过桥头堡。我刚刚观察过局势，所以我告诉他，不占领或扩建桥头堡，就根本不可能通过。而且我指出，占领桥头堡不是我的装甲部队的职责。李斯特将军随即握住我的手，继续平静地与我探讨进攻的未来发展态势。这正是他的典型的侠义性格。”

夜间，又有两个桥头堡被攻下，古德里安可以让第 1 和第 2 装甲师渡过埃纳河了。第二天早晨 6：30，一场进攻开始了，很快便呈现出抵抗者再熟悉不过的局势。德国步兵吃力地行走，法国部队隐藏在埃纳河以南的村庄和树林里。这时坦克打开了抵抗据点之间的缺口，迅速穿过了这片平坦的地区。有一刻，据守勒泰勒的法国炮手端着机枪来回扫射南行的装甲车。但正如古德里安注意到的，来自后方的炮火对坦克兵的阻挠“微乎其微”。更为严峻的考验在埃纳河以南 8 英里的村落瑞尼维尔等着这群装甲车。在那里，法国人集中了所有坦克准备反击。古德里安和往常一样在前面走，随后的冲突给了他检验法国 Char-B 型装甲车的机会。这是坦克中的庞然大物，相比之下，Ⅳ型装甲车显得十分单薄。

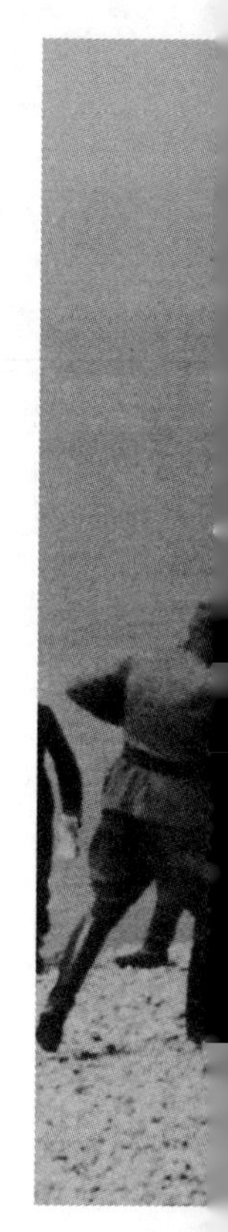

隆美尔的照相机下的战争

指挥的重担没有阻碍隆美尔将军记录他所参与的战争的激情。除开写信回家和记日记以外，他还是一名热心的摄影师。尽管在1940年不顾一切地赶路，他还是腾出时间，用宣传部长约瑟夫·戈培尔送给他的35毫米照相机照了几百张照片。隆美尔的领导风格——永远在活动，很少远离前线——让他拍下了别的摄影师鲜能匹敌的照片。他在装甲车上和侦察机上（下页）近距离记录了战役的进程。6月10日，当走在最前头的部队到达诺曼底海岸时，这位将军用照相机抓拍到了这一令人兴奋的时刻（上图）。

隆美尔将军（右图）拍下了他的军官围着一辆坦克兜圈子的场面，这辆坦克为了冲到海岸的最高处而撞倒了堤防。

在隆美尔航拍的照片里，坦克兵身着黑衣，穿行在法国农村。图的右方位置可以看见侦察机的着陆压杆。

法国公民站在死马和装饰着不祥图案的破马车边上，这是隆美尔在圣瓦莱里－昂科记录下的。6月11日，隆美尔占领这里以前，这个港口遭受了猛烈的炮轰。（左）

隆美尔的武装部队席卷法国城市里尔时，他拍下了这辆被毁的德国坦克，说明德国人的胜利进军不是没有付出代价的。

“坦克战打响时，”古德里安汇报，“我徒劳地试图用缴获的 47 毫米反坦克炮破坏 Char–B。所有炮弹只不过从它厚厚的装甲上反弹回来。我们的 37 毫米和 20 毫米的大炮面对这样的对手时，一样束手无策。”巨型法国坦克自然造成了严重伤亡。但由于它们的数量和机动性远不如德国装甲车，最后还是德国人获胜。

陆军少将维克多·富图恩的队伍在圣瓦莱里－昂科战役中投降，他（左）站在隆美尔旁边。隆美尔被这些被俘的英国军官不卑不亢的风度所震惊，“唯一使他们烦恼的是，他们不得不忍受宣传人员不停的照相和摄像。”

古德里安那天不是唯一获胜的。西边，隆美尔从鲁昂地区转向海峡进军，去包围已被他的闪电攻势孤立起来的英法军队。盟军正在向深水港勒阿弗尔前进，到了那里，他们可以用英国战舰疏散。但隆美尔决心切断他们的路。6 月 10 日，港口东北面的海岸近处，装甲车拦住了一些盟军的退路。隆美尔喜气洋洋地带着先锋队来到海岸边。“海岸边的绝壁震撼了每个人，”他写道，“我们爬出车外，走下铺着鹅卵石的海岸，直到海水舔到我们的皮靴。几名摩托通讯员身着长长的防水外套，他们径直下水，海水没过他们的膝盖，我赶紧叫他们回来。”为了即兴庆贺这次胜利，隆美

尔的手下，卡尔·罗森堡上校跳进指挥车，撞倒堤防，开进水里。

四万多名盟军战士被围困。他们没有投降。他们深入小港湾圣瓦莱里－昂科附近，希望6月11日夜里能登上那里的小舰队。小舰队是匆忙间草草组成的，将载着战士们登上在海上等待的运输舰。

可是，当天下午，隆美尔的第25装甲团就占领了小镇的高地。入夜时分，开始炮轰海港。“很快四处喷发出火焰。”隆美尔写道。英法部队列队进入被火焰包围的海港，然后徒然等待。低射程的大炮借着浓雾，将撤军的舰队俘获。

次日6月12日早晨，德国坦克列队进入硝烟未尽的城镇。隆美尔站在坦克旁，隔着窄窄的水道看着对岸的敌人。他回忆：“50～100码外的对面，站着相当多的英国和法国战士，他们把来复枪放在地上，犹豫不决。”僵持了一会儿，败兵开始投降，开始是一个一个，接着成群结队，就像终于从注定失败的战斗中解脱出来了似的。天黑以前，隆美尔接受了12位盟军将军的投降。

圣瓦莱里－昂科的败仗是抵抗者处境的真实写照。在从英吉利海峡到阿戈纳森林的分崩离析的法国防线上，德国装甲部队和步兵部队一样，渴望当即决定战局。古德里安的部队里，新入伍的步兵从埃纳河蜂拥而入，与暂停攻打法国要塞的武装部队并错交叠，乱成一片，形成了“生机勃勃的图景”。在古德里安看来，“两支部队都想赶到前面”。第 1 装甲师的陆军中尉哈波特写道：“我们不习惯看见步兵师在我们左右。步兵部队、摩托化部队、用马车装载大炮的部队、步兵团搅成一团，行动快捷的侦察部队摩托车穿行其间，所有编队在公路干线上阻滞了许久，才沿着原野和农田稳步向南行进。”当这支多兵种部队来到距勒泰勒以南 70 英里的圣迪济耶附近的马恩河时，哈波特的摩托化侦察部队回到了他们习以为常的状态。“马上！这惯常而奇特的情绪又一次控制了我们，”他写道，“这是令人骄傲的情绪，我们感到，我们总是冲在最前面，总是紧张而且前路莫测，我们随时都可能冲进敌人的防线。”

马恩的抵抗没有付诸实施。哈波特和他的人不费一枪一弹，就占领了一座桥。法国人的抵抗正在崩溃，由此可见一斑。其实，6 月的炎热和车辆扬起的灰尘比敌人的炮火还要令古德里安烦恼。第 2 装甲师的侦察队一天里走了 60 英里，他们停下来加油的时候，陆军中尉奥斯特瓦尔特这样形容，“他们累坏了，眼睛都是红的。司机和枪手从坦克里面爬出来，简直睁不开眼睛，眼泪顺着遍布灰尘的脸颊流下来。无线电通讯员拖着油桶来到车旁。我们分享着水壶里的最后一点水；有人拿出一些英国饼干。有个人四处发德国雪茄，真有点回家的感觉。”

6 月 13 日，部分归功于古德里安手下的决心，伦德施泰特的部队和博克的左翼展开行军竞赛，使德国人

1940 年 6 月 14 日，一幅硕大的纳粹卐字旗在巴黎飘扬，象征着希特勒的部队占领了这座首都城市。德国军乐队在演奏，更加强了对法国人的民族自豪感的打击。

强有力地控制住了以塞纳河和马恩为界的法国防线北部。西边的曼施坦因的所有部队都已穿过弗农的塞纳河，正在向南探路。那里的敌人反抗得并不激烈，倒是他的上级担心他走得太快太远。当天晚上，他在大名鼎鼎的小说家科莱特家里建了临时指挥部。他写道，“可惜他走了。我在夫人的卧室过夜。这里和沙龙一样布置得十分精致，有一道私人入口通往公园，大概是甜蜜约会过后用的。露天游泳池对于我们所有人都是莫大的恩赐。”

上图中，德国第7军的部队6月中旬乘着汽船渡过莱茵河，袭击马其诺防线。右图的战士手持火焰喷射器进攻防线上的一处要点。一名德国军官注意到：“相当多的地方都没有四处安置防御部队，用手榴弹和火焰喷射器就可以轻易拿下这些盲区。”

首都市民们为了对付国防军而勉力支持着。6月11日，雷诺总理离开危境中的城市，到图尔和部长们为伍。这时，所有人都再清楚不过，巴黎肯定沦陷。在新近任命的作战副部长戴高乐将军的支持下，雷诺仍然反对魏刚将军和84岁的一战时的元帅、现任副总理菲利普·贝当两人提出的向希特勒请求停战的建议。雷诺摒弃了失败主义者的劝告，6月13日夜里，从图尔用无线电广播挑衅似的提醒他的同胞：“我们一直赶跑或征服侵略者。”但现在，德国人已经宣布敞开城池，不伤害百姓，他却无力从首都的大门赶跑德国人。

几天内，道路上充斥着难民，他们纷纷涌向巴黎以南的铁路车站，盼着挤上可怜的几辆尚能开动的列车。雷诺向全国发表演说的时候，巴黎300万居民中，已经有1/3以上逃走了。第二天拂晓时分，德军第18军的头一批部队出现在城里的时候，剩下的居民关门闭户，街上空空如也。各种编制的入侵者从四面八方进入首都，身着战壕雨衣的摩托车队与身穿灰色外套、外表整洁的步兵团并行，甚至还有骑兵分遣队和用马拉着大炮的长长队伍，仿佛去向消失的年代进呈贡礼。头一天晚上，一些骑兵在首都西北部的一个小城堡里露营。“用干净的绳子把马拴在树下，”其中一人在日记中写道，“人们简直难以相信，这是狩猎过后的射击会的场景，而不

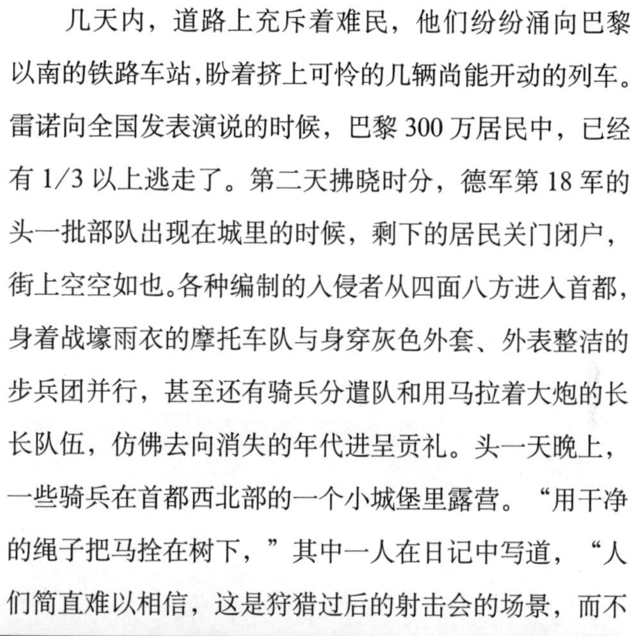

是德军先锋队在逼近巴黎。”

脸色抑郁的巴黎人沿着香榭丽舍大街走，他们目睹了德军庆祝胜利的游行队伍，摇着硕大的纳粹卐字旗。在拿破仑皇帝的故居，如今装饰着德国人的标志。希特勒很快飞到巴黎，欣赏这块灿烂的德国属地。但赢得荣誉的战士们没有机会尽情享受这一时刻。他们中的大多数将继续南下，穿过巴黎，完成征服法国的任务。

6月21日，希特勒抵达贡比涅，和陆军主要军官谈话。居中的是戈林，其后是副总理鲁道夫·赫斯。就在其背后的同一列火车上，1918年德国宣布投降，这次希特勒却强令法国停战。

巴黎的沦落还不是法国人那天遭受的唯一灾难。当天早晨，李布的C集团军的一批人马袭击了马其诺防线。过去的几天里，守军撤到别处应付紧急情况，这里的防御因此大大削弱。剩下的抵抗者深受从后背过来的古德里安的先头部队的威胁。对于受命突破萨尔布吕肯附近防线的陆军中尉艾森劳布来说，行动一开始就不顺利。他们到达法国工事边缘的小溪边的时候，经受了

在副官和前战友的陪同下，希特勒怀着庄严肃穆的心情参观了第一次世界大战时的战壕。1918 年，他还是巴伐利亚第 16 步兵团的一等兵，在法国服役的时候，曾经中过毒气。

敌人猛烈的射击，接着一场暴雨把他和伙伴们浇了个透。黄昏时，第一批袭击部队乘着小船艰难地顺水而下，而抵抗者正在远岸的掩体内等着他们。无论是地面炮还是空军都不能使抵抗者安静下来。据艾森劳布描述：“我们的敌人察觉到危险临近，所以沿着小溪开始了可怕的弹幕射击。”过河的第一支部队被粉碎了。中尉带着剩下的人在近岸的地上趴了一天，虽然不能前进一步，倒也阻止了撤退的冲动。“我们头顶着枪林弹雨，都没有喘歇的机会。”他记录，“我们都第一次尝到了地狱的滋味。”

日落缓解了袭击部队的痛苦。他们重新组队，再次进攻。凭借黑暗的笼罩，他们渡过河，把躲在掩体和碉堡里的法国人吓了一跳。掩体和碉堡后面是有废弃炮塔的要塞。要塞之间的缺口已经没有储备可以用来抗拒袭击部队。“一旦我们出现在碉堡后面或顶上，只消用一点火焰喷射器或手榴弹就可以让他们趴下来，”艾森劳布写道，“只不过我们需要借用一些特别的炸药炸开无人职守的炮塔。炮塔的枪眼好像找不到目标，也没有步兵把我们赶走，这些钢铁和混凝土做成的怪物毫无用处。临近中午的时候，我们打开了马其诺防线，我们和法国的心脏地带之间再也没有什么障碍了。”

马其诺防线的崩溃使法国东部的残余部队陷入李布和伦德施泰特的重围。古德里安的装甲部队在瑞士边境遭到反击，这支艰难行进的队伍也加入了包围圈。这

时，西边的隆美尔正朝瑟堡驱进，博克的其他队伍还在组成扇形包围布雷斯特，突击卢瓦尔河。法国政府被迫逃离图尔，前往波尔多。6月16日，雷诺总理将政府搬到北非。继续与英国并肩作战的提议遭到政府要员的拒绝后，他提交了辞呈。继任者是贝当。此人相信，德国人必然在5月下旬取得胜利，所以马上请求停战。而希特勒为了防止对自己怀有敌意的法国流亡政府将大批海军和殖民地物资运到英国，也乐意和贝当谈判。

上图，7月19日在国会大厦举行的特别会议上，希特勒谴责英国首相丘吉尔是“把国家全毁了的不道德的政治家”。希特勒对丘吉尔两星期前炸毁奥兰的法国舰队而不让德国人得手的举动愤怒不已。出乎意料的轰炸摧毁了3艘法国战舰，包括左图的敦刻尔克号。

停战谈判的详情还有待时日。在这期间，上百万的法国军民垂头丧气地向南迁移，他们的处境越来越糟。“这个国家境况很糟，”古德里安写给妻子，“大举撤退中，难民境遇之凄苦难以言表。全国上下，城池行将坍塌。到处被难民和法国士兵洗劫一空。跟当下相比，中世纪还算是好的。”

纳粹空军不是来对难民们施以怜悯的。德国飞机无数次地俯冲向拥塞的道路，或用机枪扫射，或投掷炸弹。这时，墨索里尼过晚地插手，意欲从中分一杯羹，使停战的执行情况愈加复杂化。墨索里尼是希特勒的轴心国伙伴，他一直等到6月10日，确信德国入侵胜利之时，才对法宣战。接着，6月18日，墨索里尼还没等意大利军队打一场像样的战役，就要求希特勒同意他控制法国海军，占领包括尼斯、科西嘉、突尼斯和法属索马里兰在内的法国辖区。希特勒只答应当意大利人侵入法国边境的最后关头才提供援助。意大利人出发了，但即便是面对虚弱不堪的法国抵抗部队，他们也没取得什么进展。意大利外交部部长齐亚诺在6月21日的日记中记录："我们的部队没有前进一步，墨索里尼对此深感羞耻。今天他们在法国第一道要塞前遇到抵抗，便停了下来。墨索里尼向意大利人民指出：'这就是我所缺乏的东西。米开朗琪罗都需要大理石来雕像。如果他只有黏土，那么他除了陶器，什么也做不出来。'"

希特勒很少想到他的同盟国的困境。法国停战代表团当天下午到达贡比涅，这正是德国1918年向盟国投降的地方。希特勒在那里和副官一道指定受降地点。他佩戴第一次世界大战中赢得的铁十字勋章，等候法国代表团乘坐当年德国将军投降时使用的同一列火车来到这里。希特勒准备的陈述书集中体现了他和他的追随者这22年来隐藏心中的愤懑和不平——这种愤懑之情现在已膨胀得无以复加。如陈述书所言："凡能施加到一个种族的，都通过使之心灵蒙受屈辱、身心遭受摧残的手段，施展出来。"尽管希特勒对代表团谈的条件允许贝当政权保有一星半点权力，法国人仍将为德国人的肆意侵略付出代价。已在国防军控制之下的多数领地，包括沿着大西洋海岸一直到西班牙的大片战略要地，都将受德国人管辖。余下部分和殖民地将由维希的贝当政府主持管理。此时的贝当政权由于军队复员而遭到削弱，只剩下一小支部队维持法律和秩序。希特勒自称这种处置方法实在大度，却掩饰不住该场合给予他的报复性满足。美国记者威廉·席尔透过战地望远镜观察正在参观停战地的法国战争纪念馆的希特勒，他发现，希特勒的脸显得“庄重肃穆，复仇之心溢于言表”。席尔注意到，他的表情还有更多意味。“一种对于时运——他一手造成的时运——的大逆转的轻蔑而愉悦的表情。”

德国军队和他们的元首一样，把法国的失利看成重大而且令人欢欣鼓舞的事件，他们现在很难把注意力集中在前方的困难上。在许多士兵眼里，唯一要紧的战争是和老对手清理旧账，现在他们赢了。一位年轻的德国军官说：“伟大的对法战争终于结束了。它整整打了26 年。”胜利者在战败国到处庆贺，仿佛再也不打仗了似的。在首都，巴黎人坚强地等候破坏者的到来。他们惊讶地发现，德国人的举止像旅行者一般。他们挎着照相机，揣着袖珍字典，涌到埃菲尔铁塔和罗浮宫，操着面目全非的法语。在英吉利海峡，男人们脱下沉重的靴子和满是沙子的制服，在冰冷的水中嬉戏。

大胜仗之后，希特勒自己也观光了一些地方。6 月

22 日停战协议签署之后，他旋风般地出发前往巴黎，3 小时内就游完了法国首都，这还是他第一次来巴黎呢。接着，他和大战中的两位战友一道参观了比利时和法国北部的老战场。6 月底，他搬到位于黑森林的新军事指挥部，每天他从那里驱车来往于莱茵河，视察被国防军粉碎了的马其诺防线上的要地。那些天希特勒还会见了他的建筑师阿尔伯特 · 施佩尔，就在首都建造雄伟建筑和修筑从柏林到鲁尔的工业铁路线等问题交换意见。他两个多星期都没有会见他的军事指挥官。

希特勒心绪安宁，因为他确信西部的战争快打完了。国防军比任何时候都有威胁性。他们中间，死了 27000 人，111000 人受伤，还有 18000 人失踪；盟军死亡 100000 人，25000 人受伤，另有将近 200 万人被俘或失踪。英国陷于绝境中，希特勒相信他们不久就会祈求和平。实际上，希特勒也没有兴致和英国决战到底。纳粹党创建早期，他就希望和他的盎格鲁 - 撒克逊“表兄弟”结盟，现在，他想和英国达成协议：英国仍保持其海外属地的控制权，但是要归还德国在第一次世界大战后失去的殖民地，并承认德国在欧洲大陆的霸权。现在，希特勒像是要梦想成真了。“英国人还没注意到他们已经打败了，”他对约德尔将军说，“得给他们时间，他们很快会让步。”希特勒希望英国人几天内提出和平建议，他好为此做出答复，当然和平的条件还在他的脑子里酝酿。他想在 7 月 8 日国会大厦的特别会议之前的

7月17日，希特勒在贝格霍夫主持会议，与最高统帅部首脑威廉·凯特尔和海军作战司令、海军少将科特·弗里克讨论新近制订的入侵大不列颠的海狮行动计划。海军对海狮计划的疑问加剧了希特勒心中的疑惧。

演讲时公布和平谈判的条件。

他的希望没能维持几天。7月3日，英国海军袭击了奥兰、阿尔及利亚附近海港的法国舰队，破坏了那里的大型船只，以免落入德国人手中。第二天，首相温斯顿·丘吉尔强调袭击的重要性。他提醒众议院，任何谈判的主意，“都应该被我们采取的猛烈行动扫得一干二净。我们要用最大限度的力量发动战争。”7月7日，神情忧郁的希特勒告诉意大利外务大臣齐亚诺，他“现在意识到对英战争还将继续”。次日，他推迟了国会大厦的演说。他还盼着英国公众对丘吉尔施压，促成和平，可同时，他重新召开作战会议。

希特勒的军官们就如何把战争带到英国展开激烈争论。一个提案是围攻，即海军封锁贸易路线，遏制英国经济。提案的拥戴者是海军上将艾里克·雷德尔，他在7月11日的一次会议上向希特勒提出，要坚决推行此方案。雷德尔的计划付诸实施有待时日，他的海军必须壮大潜水艇舰队，才能把英格兰岛置于股掌之中。如此拖延下去，势必使处于高压下的德国经济陷于困境。另一个选择是在别处袭击英国，也许就在地中海的什么位置。如果英国人召集军队远征，则他们的祖国将陷于空虚，不得不投降。可这个方案对德国海军的实力同样提出疑问，因为海军必须一边跟强大的英国地中海舰队

根据海狮计划的要求而改装的一辆能潜水的装甲车被放置下来，检验空气管和防水封铅。一旦沉入水中，附着于浮标的空气管能使坦克在50英尺深的水下作业。这种车还配有防止引擎被水淹的单向排气阀和用于海底导向的旋转罗盘。

作战，一边将军队运送过去。

渐渐地，人们指向了最为激进的选择：入侵英格兰。这是自征服者威廉1066年带领诺曼人横渡英吉利海峡以来，前所未有的壮举，何况他们还面临英国人的顽强抵抗。德国三军指挥部的任务同等重要，海军负责运送军队，空军保护登陆地点。7月13日的会议上，总司令布劳希奇和他的总参谋哈尔德向希特勒摆出地图、时间表和部队编制计划，以求支持入侵方案。希特勒对该行动给海军带来的难题心中有数。两天前他已经答应雷德尔，入侵只能当作“最后一招”。但现在他又向布劳希奇和哈尔德保证，他们的提议是“酝酿的基础”，同时授权他们实施计划。7月16日，他颁布命令，公布了入侵方案，并将之命名为Seel we（海狮）。

希特勒在命令中指责英国人还不明白自己处于“军事绝境”。由于此般挑衅，元首“决定准备登陆行动，一有必要就付诸实践”。接着，他详细陈述了入侵范围、入侵前的准备、指挥结构、国防军各部门的作用。陆军当然是负责陆地上的军事行动；

海军扫清航线上的障碍、装备运输舰并在途中负责它们的安全；空军负责破坏英国海岸上的要塞、防止敌人从空中干预、摧毁登陆地点附近的抵抗力量、疏散物资储备。三军司令都尽快向希特勒提交了他们的行动计划。8 月中旬，一切准备就绪。

海狮行动反映了希特勒对丘吉尔日益滋长的不满。丘吉尔在电台慷慨陈词："我们不求妥协，我们决不谈判！" 3 天后的 7 月 19 日，希特勒在延迟了的国会大厦演说中，清楚地说，他无意向这位首相递橄榄枝。针对首相和他的内阁，希特勒郑重宣告："我几乎是痛苦地想到，我被命运选中对这个摇摇欲坠的国家发起最后一击。当我预言一个伟大的帝国行将毁灭——并非我本意如此——的时候，丘吉尔先生或许应该相信我一次。然而，我确乎意识到，这场斗争一旦继续下去，势必以

上图，德国水手和陆军士兵为海狮行动举行演习，他们快步走下改作登陆用的平底船或驳船的斜板。左图，

士兵们在平底船上装载重型设备，这些浅口船只的稳定性令人生疑，海军上将雷德尔建议希特勒“当海上风平浪静的时候”开始入侵行动。

两个对手中的一个的彻底毁灭而告终。丘吉尔先生恐怕以为这个对手是德国，而我知道，它将是英国。”演说力排众议，不顾“大不列颠之常情”，反而一味赞美领导春季进攻行动的军官们，他们中间有被希特勒授予帝国元帅头衔的赫尔曼·戈林。几天后，英国外交大臣哈利法克斯勋爵谴责该演说是“劝降书”。

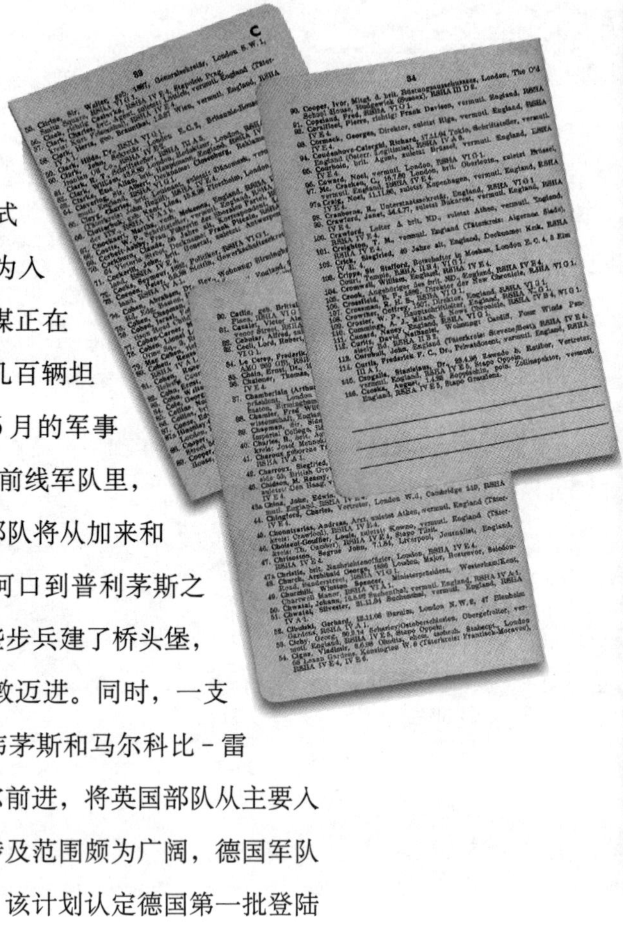

7月下旬，国防军的指挥官们与英国人展开军事较量的时间临近了。虽然希特勒6月16日颁布了命令，人们对采取何种挑战形式还有很大分歧。各路部队都为入侵做好了准备。哈尔德和参谋正在筹划一支拥有500万士兵、几百辆坦克和上千匹马的袭击部队。6月的军事行动中已经占领索姆-埃纳河前线军队里，将抽出一些部队作战。这些部队将从加来和勒阿弗尔上船，在泰晤士河河口到普利茅斯之间的广大区域登陆。一旦这些步兵建了桥头堡，武装部队将充当先锋，向伦敦迈进。同时，一支小型部队将从瑟堡出发，在韦茅斯和马尔科比-雷吉斯登陆，然后朝布里斯托尔前进，将英国部队从主要入侵地区引开。尽管作战行动涉及范围颇为广阔，德国军队仍把它视为大规模渡海行动。该计划认定德国第一批登陆士兵将神不知鬼不觉地擒住英国人。他们自信地将进攻日期定在8月中旬。

陆军的方案使海军上将十分烦恼。海军没有足够的运输舰队，他们也没法保证部队安全地横渡如此宽阔的海峡。海军的水面舰队从来就没有充足过。在挪威的春季战争中，10艘驱逐舰和3艘巡洋舰被击沉，而且各处海港和内陆水域都充斥着战争残骸，亟待清理，这些都要耗费时间。7 月 21 日，希特勒和三军指挥官共同参加的会议上，雷德尔反对陆军的渡海计划，并指出“奇袭”根本是荒谬的。入侵的舰队聚集在法国海岸，不可能不引起已经警觉万分的英国人的注意。无论如何，不可能按原定的 8 月 15 日发起进攻。会议无果。

他们很快又有了新想法。这是由 7 月 30 日的海军备忘录引发的。该备忘录的原意是破坏海狮计划。它强调了一系列理由，说明海军当前为什么不能执行任务。但当雷德尔第二天向希特勒提交报告的时候，这位海军上将在上面加了个脚注。如果必须今年入侵的话，必须将横渡区域限制在多佛海峡，并且只向海岸的狭窄地带发起进攻。海军只可能保障这样的横渡行动。当时希特勒不同意限制作战范围，但由于雷德尔的坚持，他推迟了海狮计划的预定日期，9 月 15 日之前要做好一切准备工作。其间，空军将向皇家空军发起一次重要袭击行动，只有这次闪电战成功了，才能按原定计划入侵英国。8 月 1 日，希特勒颁布新的命令，指示空军“想方设法在尽可能短的时间内征服英国空军”。戈林对这道命令深感满意，他不甘于让他的空军在春季进攻中充当援助角色，他想在对英战争中打前阵。作为希特勒的密友，他利用陆军和海军之间的冲突来推行空战取胜的主意。

戈林整顿部队的时候，入侵计划的制订者们仍在争执不休。陆军担心，按照海军的建议沿着狭窄阵地袭击，会使英国人建立稳固的防线。这个想法触怒了哈尔德，他乘火车前往诺曼底的一个海狮演习基地，在那里，他的愤怒一触而发。和他在一起的是雷德尔的参谋官，海军中将奥托·施耐温德。哈尔德告诉施耐温德，海军休想有窄小的登陆点。施耐温德回答，按照海军设定的界限，运输船只要花上 6 星期运送部队。对此哈尔德还是回答“不行”。海军的计划是彻头彻尾的自杀计划；他宁愿把部队“直接送进灌肠机”。月底，希特勒也确定海军实在无法保障原计划的成功。他劝说陆军收缩入侵阵地，将入侵部队削减到 13 个师。

即便缩小了行动规模，麻烦还是接踵而至。解决麻烦的紧要任务落在了莱因哈特将军身上。他的第 XLI 装甲军 6 月份渡埃纳河时的表现令人称道。尽管他的上司和海军中的对手争执不休，他倒是和他们紧密合作，完成了挑选适当船只这个主要任务。他判断，只有商用平底船和又宽又浅的驳船才适于西欧的河流和运河。莱因哈特盘算，大约能募集到 2000 艘船，每艘运送 150 名士兵或几辆装甲车。但是，将这些平底船准备就绪绝非易事。比如，船首得改成敞口式的，以便卸载部队和设备。带引擎的还得加大马力，以便横渡英吉利海峡；没有引擎的得用绳子系住，连拖带拽地渡过去。莱因哈特征用了 12 个造船所完成改造任务，但 9 月份以前只能造好少数几艘平底船，这就意味着部队没有合适的船只训练。这时候，海军开始搜寻船民给船只引航。不久，陆军和空军士兵都被逼着加入运送任务。

莱因哈特还负责一项更雄心勃勃的工程项目——为入侵的早期阶段准备上百辆登陆坦克。把车辆从船上卸下，直接开上岸恐怕会非常困难。入侵早期，登陆坦克决定着这个压缩了规模的入侵计划的成败。必须在抵抗者发觉之前迅速取得突破。为此，莱因哈特将机械专家派往一家陆军测试站工作，测试近 200 辆坦克的防水性能，给它们安上空气管。这些水下坦克将用平底船运过海峡，卸到岸边，然后它们将悄悄地爬上岸。此外，伦德施泰特吩咐将少数坦克改成水陆两栖型。改装之后，它们的履带将浮在水面上，螺旋桨将和引擎连在一起。改进了的坦克将以每小时 6 英里的时速上岸。不过在大浪中它们很容易倾覆。

受命执行海狮行动的国防军指挥官焦急地等待着特殊设备的到来，他们尽其所能做好战斗准备。沿着比利时和法国北部的海岸，上万名士兵反复操练着一种新型装备。他们从能征用的各种类型的小船中，驾驶假着陆车上岸，从模仿在水上摇摆不定的船只的平台上开火。登山部队攀上岸边的悬崖峭壁，以备日后登上和占领英国的绝壁。这支部队来自阿尔卑斯地区，他们是首次暴露在海上，也是首次表现其古怪行径。一天早上，其中一支登山分队的指挥官命令手下到海滩接受游泳训练。他们无视英吉利海峡水势汹涌，潮起潮落，来到同一地点准备上第二课，却发现大海已经退潮。尽管有这些意外，多数部队还是迅速适应了新的环境和困难。曼施坦因将军的副官汇报："全体部队士气振奋，满怀希望扫清一切障碍，准备打垮英国。"

普通士兵的高昂士气难以补救高层的摇摆情绪。打一开始，希特勒就对海狮计划顾虑重重。从战略上考虑，他担心一旦入侵行动破产，国防军所向披靡的士气会烟消云散，使他难以追寻长期以来萦绕心头的挑战苏联的梦想。从战术上考虑，他缺乏指挥大型水陆两栖作战行动的天才。春季进攻的计划和执行过程中，他饶有兴致地享受了身为高级将领的权威，表现了对于细节的关照，所有这些，有时令将军们惊讶，有时触怒他们。但自打那时起，他放松了警戒，情势需要的时候，不时地颁布命令，但很少和对手合作。这是为戈林量身定制的局势，他总是乐于填满元首留下的空白。8 月中旬，戈林已经准备好发动空军对抗英国。空军以为自己只是海狮行动的附属物，其实它现在是其他部门所依赖的枢纽部门。如果进攻的进展如戈林所愿，就不必强迫对手投降。如果失败，就不可能横渡海峡，而对帝国来说，如此慷慨的夏天就要以指责和遗憾告终。

巴黎的德国之夏

1940年6月，胜利的德国士兵进入巴黎。出乎所有人的意料，“他们来之前，城里隐约弥散着恐怖的气氛，”一家生活杂志通讯记者从法国首都报道，“当这群冷血铁蹄的德国兵走过，巴黎人哪怕再看见机器人的行军队伍也不会大惊小怪了。实际上走过来的是面色红润的巴伐利亚和奥地利农家孩子，他们骑着膘肥体壮的大马，连绵几英里。”一些巴黎人把国防军想象成所向披靡的摩托化的磐石一样的东西，当他们听见马蹄在林荫道上嘚嘚作响，拉着大炮的马车发出咔嗒咔嗒的声音，着实心绪不宁。一些人相信法国宣传机构所描绘的营养

凯旋门前骑着马的德国炮兵。

不良的德国人（严酷的战时经济的牺牲品）形象，当他们看见入侵者健康的面容，着实消除了不少敌意。“有10年没饭吃了？”敌军士兵迈着轻快的步子走过的时候，一位法国妇女嘲弄地说，“看看这些帅气的男人！”女人正待欢呼，旁观的人呵斥她：“嘿！冷静点，我们那些死去的孩子长得怎么样？”

巴黎人最为吃惊的是队伍的管理堪称模范。巴黎人“相信德国人会强奸妇女，谋害男人”，记者席尔观察道，“留下来的人全都对这支队伍的高尚行为惊讶不已。”市民们心满意足，小心不去挑拨士兵。但德国军事总督施图德尼茨将军意识到，局势很快就会恶化，于是他立刻行动，确保了巴黎宪兵的合作。施图德尼茨照会巴黎警察总监罗杰·朗热隆，问他能否保障城市秩序。朗热隆自豪地回答：“我保证，

法国宪兵和德国敌人一道指挥交通。

国防军旅馆门前的值勤哨兵。

只要我不受干扰地履行职责。”施图德尼茨也保证，只要秩序井然，德国部队不受骚扰，“我就不会再找你。”尽管德国人如此明确的让步，不久朗热隆的人就明白了，他们是在为外国主子服务：交通警察接到命令，要向德国军官敬礼，其他警察必须协助党卫队开展保安活动，其中包括对城市里的犹太人进行人口普查，这是个不祥之兆。

国防军士兵乐意把注意力集中在手头的事情上，那就是尽情享受巴黎之乐，直到被派往别处。德国人总有一天要在这座城市建立25000人的永久驻军。1940年的夏天，涌到首都来的大多数人都来分享胜利的果实。但是胜利之果无一例外地落入高级军官手中。接管城市的那几天里，像样的饭店都被征用，当作军事指挥部或军官俱乐部。著名的里

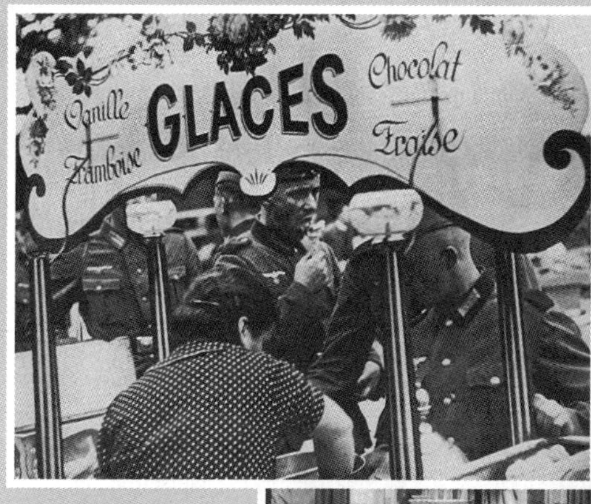

品尝甜蜜生活。

陆军军官在时髦的乔治五世饭店用餐。

斯饭店将一个侧楼留给占领军的高级军官，另一个侧楼留给非德国人。只有进餐的时候，两个不同派别才混杂在一起。即便如此，巴黎人也给德国人留出了更宽敞的座位。很少有什么比德国人狼吞虎咽地吃下法国大餐更能激起法国人的愤怒了。有人在日记中回忆当时参观一家餐馆的情景，“一大帮德国佬在招待朋友喝香槟。他们无拘无束。被禁的牛排藏在煎蛋下面。最美味的葡萄酒在流淌。新秩序下，肥猫占据上风。”

德国兵在被国防军征用的普通小酒馆享用简易伙食。为《纽约客》杂志采访巴黎的记者弗兰纳这样描述在香榭丽舍的大兵餐馆，“无疑已经变成了第五纵队的基地。它几年前才开业，有德国啤酒，有穿着阿尔塞西服装的女招待，就是没有足够多的法国客人捧场。”弗

红磨坊附近的大兵餐馆。

兰纳注意到，这种令人称颂的大食堂是用来把得不到休息的部队和老百姓每天隔离上几小时的，那里大量供应“据信是北欧人和成年男人享用的德国食品，这些食品和变质了的法国美味大不相同”。由德国军需官垄断的丰盛食品中有土豆，它们已经成为城市市场上的罕见食品，所以巴黎人习惯把部队称为运海鲂的人，或土豆虫。

占领军的军官阻挡不了士兵和长官一样穷奢极欲。作为春季作战中恪尽职守的奖赏，驻扎巴黎的人得到现金奖金。于是他们可以购买德国买不到的法国商品，拿回家去转卖。（占领军的慷慨来自维希政府。政府请求停战，条件是每天支付占领军4亿法郎。）习惯了家中缺衣少食的士兵们，难以抗拒在琳琅满目的商店和货品陈列室随意花钱的诱惑。

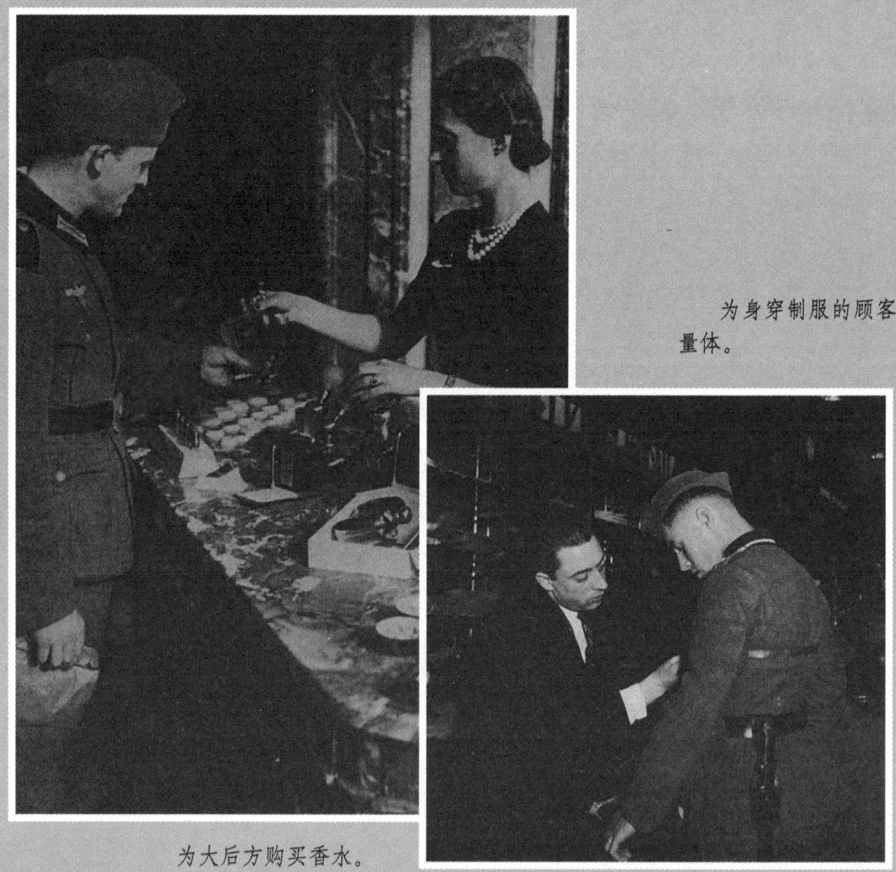

为身穿制服的顾客量体。

为大后方购买香水。

弗兰纳观察他们，“好像关在墙里好多年的白蚁出来吃大餐一样”，“德国人自6月中旬以来，已经逛过了巴黎的所有商店，他们大声嚼着糖果，大肆购买女士内衣、香水、真皮商品和所有优雅精致的新奇商品。”

法国人发现他们难以和德国人竞争有限的商品。漫长的午餐时间正是居民们惯于购物的时间，占领军军官却在这时候关闭了大型商店。

巴黎人购买的商品受到严格限制。弗兰纳还谈到一位妇女，她身边的德国军官正在购买一打长筒袜回家送给妻子，而她只能购买一双长筒袜，她对此表示反对。军官用“夸张的法语”解释说：“当法国人腿上穿着丝袜的时候，德国人还穿着棉袜，现在从公正和道德变革的意义上说，该轮到德国人了。”

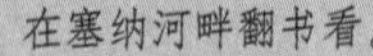
在塞纳河畔翻书看。

轻松地挑选纪念品。

如果店主对德国人的大肆消费感到恼怒的话，顾客倒只是矜持地笑笑。塞纳河畔的书商和当兵的谈笑风生地做着生意，当兵的发现，德国官方书店里，纳粹准卖的书题材太窄。一些餐馆主人和店主到处招徕纳粹人士，他们挂出标牌，“唯雅利安人入内”。

普通德国士兵在巴黎逗留期间，不是没有受到文化启迪。希特勒本人称这座城市是“西方文明的奇迹”。国防军在逗留期间，带着狂热情绪，收集了一些富于启发性的物品。热诚的向导带着当兵的踏上铺着鹅卵石的蒙马特尔大街和其他地方，正规军则坐在路边的咖啡店，竭力掩饰对这群乳臭未干的游客的蔑视。

当笨拙的士兵们到达法国伟大的艺术宫殿卢浮宫的时候，才发现那里的收

游览蒙马特尔大街。

藏品急剧减少。巴黎被占的前夜，法国政府已将近3000幅作品运到法国各处的秘密储藏地。连传说中的米洛的维纳斯也不见了，德国人只得借这座大理石雕像的石膏复制品聊以自慰。

卢浮宫的佳作要藏起来。6月30日，希特勒命令德国驻巴黎外交官“把所有艺术作品监管起来，不管是国家所有的，还是犹太人私人手里的”。许多作品通过各种途径成了戈林的收藏品。后来他辩解道：“那时候，谁征服了一个国家，就可以肆意增加其财富。”

对于军衔低的、胃口单纯的德国人，巴黎文化最迷人的一面不是绚烂夺目的油画，而是精力充沛的合唱队伍。音乐礼堂是被占后第一个开放的剧院，再次肯定了一位批评家对这座城市的评价——“无与伦比的轻浮无聊的名声”。

当地艺术家和他的仰慕者。

在卢浮宫观看赝品维纳斯。

为了招徕士兵的生意，剧院经理召集了一大群裸体女人，如此丰富的演出有时反而倒胃口。一个观察伯基尔的德国军队的法国人注意到，“在仙境般的光线下，目睹60个裸体女人，他们看起来面色阴郁，昏昏然。”

更令人满足的是士兵们有机会和异性亲密接触。城里最好的妓院是留给军官的，但当兵的很少求助于这样的地方。在蒙特帕那斯街上走来走去的女人厚着脸皮缠着当兵的，有些咖啡店顾客觉得大伤自尊，对这些女人牢骚满腹。Ellessontfrancaises，aprè stout!（她们毕竟是法国人哪！）不是所有的友善态度都抱有唯利是图的目的。一些有良好血统的女子本应憎恨入侵者的，却发现她们为德国人的行军轻易感动。一位女士第一眼看到敌人时惊骇万分，连膝盖都软了，不得不在路边的桌旁坐下，结果一位德国海军军官为她叫了一杯饮料。“我

在埃菲尔铁塔下相会。（右）

穆兰小剧院举行的自由表演。

友善的男女站在他们喜爱的夜总会外。

在那里和敌人共饮香槟，”她后来坦白，“哦，上帝！他彬彬有礼，像个贵族。”诸如此类的联系造成了严重后果。“很快到处都会有德国孩子，”一位出租车司机向乘客说，“天性而已啊。”

占领者和被占人民手拉着手在街上闲逛，这样的景象屡见不鲜，最后他们的社会也采取了谅解态度。接管非常彻底，有些居民在信的抬头都写上了“德国巴黎”。可是，夏天还没过完，这座城市和占领者之间就出现了裂痕。7月份，记者注意到，接管巴黎的令人嫉妒的德国人向“脸色灰暗的老部队和态度暧昧、居心不良的官员让路，巴黎人路过的时候都要向他们投过不信任的一瞥”。当纳粹增援部队驻扎进来时，当地人开始理解被占的严酷现实。有人嘲弄身处的压力而且巧妙地加以利用，有人散布恶毒的反犹太人思想，有人无情地搜刮法国的民脂民膏。调和期间，还听见巴黎人这样说德国人：“怎么，他们和我们一样是人啊。”现在一切结束了。

4. 不列颠空战

1940 年 7 月 10 日午后，空战命令传达到多佛海峡的加来附近，格里内角的一辆被改成德军指挥部的汽车上，空军军官芬克上校负责指挥空袭英国海港和英吉利海峡里的船只。他火速派遣一支双引擎道尼尔 17 飞机编队，找到并轰炸了一艘从英国东南海岸的福克斯通出发的护航舰。护卫这 20 架因体形苗条而号称“飞行的铅笔”的道尼尔 17 飞机的，是 20 架梅塞施米特 109 式战斗机和 30 架梅塞施米特 110 式战斗轰炸机。这些飞机准备加入第一次对英战斗。纳粹空军的目标是摧毁皇家空军，为入侵英格兰岛的海狮行动扫清障碍。

入侵者在海峡上空，穿过稀松的云层，列队飞行。道尼尔 17 开始落雨般地向蜿蜒前进的护航舰投掷炸弹。指挥德国战斗机的特劳特洛夫特上尉发现，有 6 架英国“驯鹰者”飓风式战斗机在他们头顶巡逻。他保持着队形。他的任务是保护道尼尔 17。轰炸没有遇到反击。轰炸之后，体态优雅的道尼尔 17 一转身，向灰暗的海面俯冲下去，返回法国。当特劳特洛夫特乘梅塞施米特 109 和他们会合的时候，忽然，云层里钻出一大片黑压压的东西，32 架英国飓风式战斗机和喷火式战斗机压

纳粹空军飞行员和他的投弹手、领航员准备乘容克 88 型飞机执行英国上空的任务。当斯图卡式轰炸机呈 50 度角倾斜时，驾驶员座舱顶棚上横画的红线会与水平线平行。

了过来。特劳特洛夫特觉得，天空一下子热闹了起来。雷达一探测到德国的入侵者，皇家空军的飞机就赶了过来，可惜要救护航舰已经太晚了。

梅塞施米特 110 不如英国飞机好操作，它们旋即形成一个大圆圈，互相保护机尾。战斗机混战成一团，形势瞬间变化，特劳特洛夫特都来不及警告朋友小心危险。他的战友厄泽俯冲下去，追击一架飓风式战斗机，将它打落，然后转身将另一架送进了大海。厄泽追上了第三架敌机的机尾,这架敌机正全速撞向一架德国飞机，两架飞机都炸得粉身碎骨。另一架飓风式战斗机迎头飞过来，对准由军士阿特尔驾驶的梅塞施米特 109 扫射，直到最后一刻才掉头。阿特尔感到一连串撞击声，好像是子弹打穿了引擎、散热器和机翼。引擎失灵了。他只得驾驶着受伤的飞机，滑翔回到法国海岸，以机腹着陆。飞机着火了，阿特尔设法爬了出来，在飞机爆炸前跑到了安全地带。

其他纳粹空军的飞机耗尽燃料，停止战斗，跟着阿特尔返回法国。空军大队损失 4 架战斗机，破坏了 3 架敌机，击沉了一艘英国小型舰。近乎对等的战果令德国很满意。它们吸引越多的敌机上天，皇家空军被消灭得越快，国防军就能以更快的速度入侵英格兰岛。何况这一天，纳粹空军把英国空军搞得惊慌失措。芬克上校在指挥部的小花园里，和飞行员们一道，举起香槟庆贺胜利。

空战地形

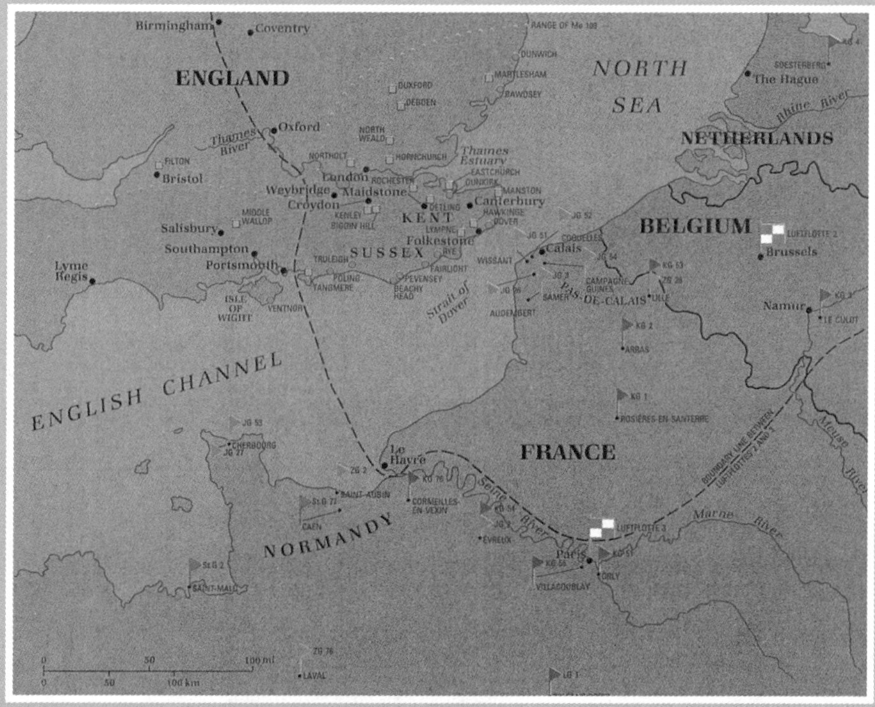

1940 年 8 月，纳粹空军的轰炸机和战斗机从法国、比利时起飞，发起对英空战。地图表明了纳粹空军指挥部和飞行大队指挥部的位置，每个指挥部领导邻近的一个以上飞机场。海上雷达站发出警报，英国皇家空军的战斗机从以伦敦为中心的基地出发，奋起保卫祖国。

德国人有理由自信，不论从数量上，组织上，还是经验、训练和技巧上，纳粹空军都是世界上最强的。在波兰、低地国和法国闪电战中，它数次支援地面部队，功勋卓著。

法国沦陷之后的尴尬沉默中，德国司令官没有理由还对纳粹空军的能力产生怀疑。希特勒认定，英国人目睹了自己人的愚蠢抵抗后，会很快投降。即使他们还坚持抵抗，也支持不了多久了。德国官员估计，花上 4 天时间就能摧毁皇家空军在英国东南部，即伦敦和海峡之间的主力，再花 4 个星期就能全歼英国空军。希特勒和空军司令戈林，或柏林的任何人都没料到，一场空战会演变成双方的消耗战，会由双方几乎对等的战斗机力量决定胜负。

5 月底的时候，希特勒就和司令官们讨论过，“只要兵力足够，就马上轰炸英国”。就在希特勒等待组建军队的时候，戈林出动一些飞机横渡海峡。6 月 5 日，第一次夜袭英国飞机场，只造成了轻微损失。6 月底，几架轰炸机又是夜间出动，成效甚微。纳粹空军的机组人员检测了航行设备，学会了如何闪过探照灯。6 月 30 日，戈林发布大型战役的第一道命令，向被占的法国、

第 3 航空部队的司令官雨果 · 斯佩勒的证件。他刚愎自用，很少屈尊和下属说话。

比利时和荷兰等地的海岸附近的空军基地投去大量飞机和机组人员。

梅塞施米特 109 的飞行距离只有 125 英里，它们集结在海边不远处，大多数在加来港和诺曼底附近。加来的海峡宽度只比 20 英里略多一点，诺曼底则正对着英国南海岸。梅塞施米特 110 和容克 87 斯图卡式轰炸机的基地离英吉利海峡甚远。道尼尔 17、容克 88 和亨克尔 111 的飞行距离远一些，它们的基地在更远的内陆。纳粹空军最多出动过 3500 架飞机打击大不列颠。德国飞机与英国皇家空军飞机的比例差不多是 2：1，但从战斗机的数量来说，两者的对比十分接近，可以说是 800 架梅塞施米特 109 对 700 多架喷火式和飓风式战斗机。

发起空战的重任主要落在了两支航空部队头上。第 2 航空部队的基地在布鲁塞尔，第 3 航空部队的总部设在巴黎。第 2 航空部队的司令官是陆军元帅凯塞林，他和蔼可亲，是第一次世界大战时的炮术专家。他都快 50 岁了才开始学飞行，并且领导一个空军大队征服波兰。后来他成为合格的德军驻意大利部队司令官，但一些人嘲弄他是慢性子的乐观主义者。第 3 航空部队的司令官是陆军元帅雨果 · 斯佩勒，他曾是第一次世界大战的飞行员，后来在西班牙内战中，指挥德国空军的鹰团，为弗朗西斯科 · 弗朗哥打仗。斯佩勒是啤酒商的儿子，他的严厉和凯塞林的亲切形成鲜明对照，不过他被公认为知识渊博的空军司令官。他对奢侈品的偏爱不下于戈林。他对金碧辉煌的卢森堡宫赞赏有加，将其当作他在巴黎的指挥部。

7 月初，戈林加快了战斗的节奏，他告诉飞行员，他们的首要任务是渡过海峡。由于渡海对英格兰岛来说至关重要，戈林推断，英国皇家空军会不惜一切保护在狭窄水域逡巡的护航舰。当飓风和喷火式飞机云集空中保卫护航舰的时候，本领高强的梅塞施米特会将像野人一样把它们撕得粉碎。

其实戈林错了。皇家空军战斗机司令官，空军上将休·道丁爵士根本无意牺牲宝贵的战斗机来保护那些护航舰。道丁判断，英国可以牺牲船队，却不能损失战斗机部队。他猜测纳粹空军很快就会袭击英国本土的战略要地，他的战斗机必须在海湾制止那些轰炸机。因此，他精心部署空军中队，避免与德国战斗机发生正面冲突。

德国战斗机的任务是渡过海峡，第 51 战斗机飞行大队的任务则是挑起冲突。司令官奥斯特坎普上校是个野心勃勃的老兵。第一次世界大战中，他打下 32 架盟军飞机。他的善战使他赢得了多少人觊觎的功绩勋章。奥斯特坎普和他的人把所有英国人都当作“地主”，早就渴望和他们打一仗。他的战斗机通常都贴近轰炸机编队，好掩护它们，但他也经常允许他的人自由地猎取目标，向有意躲闪的道丁的飞行员寻衅滋事。

希特勒还在盼着英国投降。7 月 19 日那天，他在国会大厦演说中，还对英国“晓之以理，动之以情”，这时候他的轰炸机已经开始了轰炸。当天早晨，4 架道尼尔 17 准确地轰炸了格拉斯哥的罗斯 · 罗伊斯工厂，几小时后，特劳特洛夫特的战斗机在福克斯通附近遭遇了 9 架皇家空军的“挑战者”战斗机。“挑战者”速度慢，机况差，机枪贴着耳边。英国飞行员都笑话，它只有掠过另一架飞机以后，才能向对方开火。特劳特洛夫特的枪手们几分钟之内就打下了 6 架。这之后，“挑战者”将在战斗中扮演仁慈而次要的角色。后来，斯图卡轰炸多佛海港，一个飓风式战斗机中队迎战随同而来的梅塞施米特 109，混战才迅速升级。

这个阶段的德国战斗机飞行员仍然在经验和战术上都略胜一筹。他们中的许多人都和斯佩勒的鹰团在西班牙共同战斗过，多数飞行员都加入了波兰、法国的战斗。他们每 4 架飞机编成一支队伍，分别扮演领机、攻击者和僚机、防御者。既然敌机飞行员喜欢迎着艳阳进攻，僚机就背对太阳，截住向它的领机迎来的敌机；既然从座舱向上看比向下看视野要开阔得多，防御者就在领机下方飞行，以便跟随它的行踪。纳粹空军称该战术为“蜂群”，英国人叫它“四指”。英国飞行员过去训练时，总是编成 V 形纵队或一字线，相互间的距离过近，不得不把注意力放在队友身上，而顾不上“强盗们”。7 月里，小规模冲突变得日益频繁，皇家空军认识到德国人在战术上的优势，便也予以采纳了。

每天都有德国新飞行员到法国那边的基地报到。但 7 月 23 日那天出现在加来飞机场的人早已是纳粹空军的传奇人物。爱抽雪茄的 28 岁空军少校阿道夫 · 加兰已经在西班牙和波兰执行过 367 次任务。第二天，他前往泰晤士河口，第一次向皇家空军开战。在数十架飞机随意的打斗中，他的战斗机队伍损失了 3 架飞机，但他盯牢了一架喷火式战斗机，眼看着飞机和没能打开降落伞的飞行员一起掉进海里。加兰扬长而去，给喷火式战斗机和皇家空军留下了深刻印象。他和机组成员不再抱怀疑态度，他写道，皇家空军“将被证明是最为强大的对手”。他发现，梅塞施米特 109 比喷火式战斗机的俯冲弧度更大，转弯弧度更小，但英国飞机的速度不次于他们，还更灵活，泡沫状的顶棚使飞行员视野更宽。

7 月 25 日，纳粹空军瞄准了多佛海湾的 21 艘护航舰，先是派出战斗机引开守卫它们的英国战斗机，然后派出 60 架斯图卡狂轰滥炸。这个战术卓有成效，梅塞施米特 109 引诱喷火式战斗机离开护航舰，两者扭打起来，很快双方都不得不休战加油，斯图卡趁势俯冲向无助的船只。容克 88 轰炸机加入进来，只有两艘船所幸无损，5 艘沉没海底。英国海军决定暂缓日间护送船只穿过海湾。

7 月 28 日，王牌飞行员的一场罕见的决斗开始了。纳粹空军的维尔纳 · 默尔德斯和皇家空军的阿道弗斯 · “水手” · 马伦都是世界上的顶尖战斗机飞行员。

但当天马伦更棒。多佛北部的空战中，默尔德斯击落了一架喷火式战斗机，又紧紧盯住了另一架的机尾，这将是他的第27个战利品。然而，第二架上的飞行员是马伦，他自有主意。他猛地拉动战斗机，来了个急转弯，设法绕到默尔德斯身后。他和梅塞施米特109排成一行，扣动8支伯朗宁机枪的扳机。子弹射中了德国飞机，打坏了散热器和燃料箱，默尔德斯腿部受伤。德国王牌飞行员只好返回法国，他的伤势令他整整一个月不能参战。

皇家空军的飞行员和防空炮手们在努力练枪法。原先还只有零零星星的德国空降伞兵落在英国的沙滩上，现在成了家常便饭。这些伞兵指望着即刻开始的入侵行动会救他们于危难，所以往往当即投降。但亨克尔111的机组成员马克尔是个例外。他降落在离伦敦还有50英里的纽伯里附近的一棵松树上，马克尔藏在镇子边上茂盛的树丛里，过了几天，竟然无人知觉。一位猎人带着狗经过此地，从他栖息的树下走过，也没有发现他。他在树上足足过了8天，终于决定投降。他为了投降费尽周折。这名德国空军士兵形容枯槁，饥渴难耐。他找到了一条路，打算向从那里经过的两个骑自行车的人投降，他们却加快速度跑了。随后而至的骑摩托车的人也是这样。终于，由私人司机开车的一位英国贵族妇女停下来。她没有流露出丝毫紧张惊讶的神色，平静地带着马克尔、他的手枪和60发子弹，前往当地警察局。

7月末，纳粹空军的策略显然没有奏效。经过了3

周的紧张战斗，德国轰炸机将 4 万吨的英国船只送到海底。英国损失了 148 架喷火式和飓风式战斗机。但德国也损失了 286 架，其中有 105 架是战斗机。事实证明，皇家空军不是能轻易打垮的。德国情报部门老是低估英国人填补损失的速度，于是事态越来越糟。德国人一直按着和平时期的速度造飞机，英国飞机厂后来居上，开始高速运转。仅 7 月 1 个月，英国就造了 496 架战斗机，德国只造了 220 架。

德国炸弹激起冲天水浪，榴霰弹打得海面上硝烟滚滚，但被打击的目标——一艘皇家海军驱逐舰幸免于难。图左边的两艘船是由这艘驱逐舰护送的船只之一。

纳粹德国的情报部门也没有认识到雷达对英伦半岛的国防做出的卓越贡献。50 多个新建的海岸雷达观测站，可以测到 100 英里以外的敌军飞机的方位和范围。各个观测站不断接到雷达信号，皇家空军的指挥官们忙着组编空军中队前去阻截。德国人既没能探测到这些观测站，也并不相信它们能有什么用。纳粹飞机的确袭击过这些观测站，但更多的时候，他们没能炸毁观测站，反倒惊动了英国战斗机。它们朝250英尺高的接收塔投掷炸弹，几乎无一命中，却忽视了附近开阔区域的交换枢纽。德国情报军官以为观测站的中枢肯定埋在炸不到的地下，却没注意到很容易炸毁的显著目标。

希特勒对空军的表现十分不满。8月1日，他宣布，要加快行动速度，并下令发起大规模的连续打击，代号为“鹰击行动”。他指示空军全力以赴，把皇家空军的地面力量清扫干净，轰掉战斗机基地和飞机制造厂，打掉途中遇上的任何敌机。海港也在其列，但护航队成了次要目标。海狮行动的准备工作仍在继续，但重点有所转移。戈林以为光靠空军就能扫除英国，对军事航空学既一窍不通又罕有敬意的希特勒便对他放任自流。希特勒后来才说：“如果没有发明飞机，这世界会好得多。”

“元首命令我空军摧毁英国，”8月1日，戈林告诉海牙的高级将领们，“我计划对士气降到最低点的敌人施以一系列强有力的打击，让他们马上屈膝投降，好让我们的部队长驱直入。”当天夜里，英国南部上空的德国轰炸机没有投下炸弹，他们向空中散发传单，是希特勒7月19日演说的翻译稿，题目叫“最后一次讲道理”。

德国计划于8月5日发动鹰击行动，伦敦以南的皇家空军战斗机基地首当其冲。一旦对这些地区施以破坏，轰炸机将进一步吞噬首都近处的空军基地。戈林为

整个行动安排了13天时间，对于9月5日发起的海狮行动来说，13天绰绰有余。鹰击行动两次因为恶劣天气而推迟，终于定在了8月13日那天。纳粹空军首先对英国雷达发动攻击，初战告捷。

8月12日一早，一群梅塞施米特110由瑞士出生的飞行员鲁本斯多弗带领，咆哮着飞向高空，前去破坏四座雷达观测站。一群梅塞施米特109佯攻雷达，从而引开皇家空军，使鲁本斯多弗精心挑选出来的16名飞行员畅通无阻地执行轰炸任务。德国人破坏了佩文西雷达观测站的发电设备，几乎摧毁了拉伊站的所有房子，多佛站的几个小屋也被炸掉。被炸的4座雷达站只剩肯特的敦刻尔克站尚能维持运行。其余3座当晚才恢复工作。斯图卡冲破了雷达网之间长达100英里的缺口，炸毁了两个战斗机基地。其余德国飞机猛烈轰炸普利茅斯和怀特岛上的一座雷达站，使之瘫痪了3天。下午，鲁本斯多弗的飞机返回途中，又重创了曼斯顿的战斗机基左图，梅塞施米特 109 式轰炸机组成由西班牙内战时发展而成的标准空军编队，含有两对飞机，每对有一架负责作战的领机和一架负责掩护的僚机。下图，一架喷火式战斗机吐着火焰，掠过位置低得多的一架纳粹轰炸机。这是从德国飞机上拍下的这幅照片。

地。奇怪的是，纳粹空军的指挥官并没有意识到这次打击雷达站有多大成效，他们再也没有发起这样的袭击。

尽管这次打击雷达站告捷，鹰击行动还是出师不利。8 月 13 日空中笼罩着薄雾，戈林被迫延迟主要进攻计划。在这之前，芬克领着 74 架道尼尔 17 去往泰晤士河畔的皇家空军基地。出发不久，战斗机护航队指挥

炸弹忽然在普利茅斯港的水面划出一条斜线，旱码头顿时硝烟滚滚，这是1940年8月13日的一场袭击。左图的当值士兵记下来，第54战斗机飞行大队那天奇袭普利茅斯。

官，空军上校约阿基姆·胡特从无线电广播里得知临时取消袭击的消息，但战斗机里的无线电装置和轰炸机的不兼容，所以芬克听不到。胡特试着用别的办法警告轰炸机指挥官，他飞过芬克，不停地晃动机翼，左右摇摆，但芬克目不斜视，继续飞行。很快地，云层隔开了轰炸机。等芬克穿破云雾，战斗机护航队已经从视野里消失——他们早就回家了。芬克继续执行任务，在皇家空军基地，他摧毁了几个飞机棚，破坏了 5 架飞机。

返回途中，芬克遇到了麻烦。两支皇家空军中队截住了芬克无人护航的编队，击落了 5 架道尼尔。还有 5 架受到重创，好不容易回到基地。芬克怒气冲冲地向凯塞林诉苦，最后陆军元帅亲自向他道歉。

下午早些时候，天空亮起来。戈林再次出动主要进攻部队——上百架轰炸机。这一次，鹰击行动真的开始了。德国飞机出动 1485 架次，斯图卡担当先锋部队，对迪特灵的皇家空军基地实施毁灭性打击，他们炸毁了地面 22 架飞机，67 名飞行员阵亡。南部农村的小规模冲突层出不穷。在莱姆里吉斯上空与喷火式战斗机的决战中，由 9 架负责作战的斯图卡组成的一支空军中队，损失了 6 架。进攻持续到夜里。德国轰炸机在黑夜里飞行，袭击伯明翰的喷火式战斗机制造厂。纳粹飞机还往内地和苏格兰岛空投伞兵、无线电发射器和军事器材，让当地居民以为德国国防军的伞兵部队已经登陆。德国的英文广播站同时播送入侵者带来“致命的电磁射线”

鹰击行动的早期阶段，一群道尼尔17在法国上空编成队形后，飞往英国。到1940年夏，这些轰炸机都过时了，还在全力以赴地与大胆抗击的皇家空军不停交手。

的报道。德国人的伎俩收效甚微。当天的进攻结束时，纳粹空军用46架飞机换取了击落13架皇家战斗机，破坏47架地面飞机的战果。

戈林下令发动又一次大规模袭击，目标区域从苏格兰到南安普顿，时间定在8月15日。那天预计是个阴天，戈林估计他的飞机不会飞，就召集高级官员去柏林北部的隐身之所开作战会议。不料到了晌午，天气晴好。凯塞林手下的第2航空部队的戴希曼少校左右为难。

袭击的命令没有变更，但任何高级官员都联系不上。（戈林交代过，不要打扰他。）作为下级军官的戴希曼得做决定。他选择了袭击。

另一支航空部队，基地位于斯堪的纳维亚的第 5 航空部队首次参战。55 架亨克尔和 21 架梅塞施米特 110 从挪威的斯塔万格动身，飞行 400 英里，穿过北海，袭击英国北部的空军基地。这个距离对于梅塞施米特来说太远了。他们不得不带上一个备用油箱，这样的话，

纳粹地勤人员拖着500公斤重的炸弹穿过草地，一架容克88型飞机在等待。它的左翼已经装载了两枚炸弹。仓促造就的飞机场设备短少，地勤人员只能临时装货。

就得挤掉枪手，更增大了飞机的弱势。领头的空军中队里，有一名军官负责监听特别广播，希望能截获皇家空军的消息，预测他们的动向。

英国雷达测到了北海上空有“20个以上”入侵者。4倍于此的皇家空军飞机慌忙前来阻截。喷火式战斗机连连开火，头一次就射中了载着特别广播的飞机。另外几个飞行中队趁轰炸机还没到达海岸线就截住了他们。接下来，皇家空军的战斗机狠狠打击速度较慢的德国飞机。梅塞施米特110形成杂技表演似的圆圈。因为没有枪手，他们濒临绝境。第一批的绝大多数轰炸机都没能到达目的地。

与此同时，南边的50架道尼尔17由150架轰炸机护航，轰击罗切斯特地面，重创一家制造四引擎斯特林轰炸机的工厂，生产倒退了好几个月。空军最高元帅道丁一次投入 14 个战斗机中队，170 架飞机，以对付同时袭击好几个目标的德国人。“喷火式战斗机仿佛无处不在，”梅塞施米特 110 的一名机组人员回忆，“两个从前面，两个从背后，同时夹击我们。我们的右引擎被击中，接着是左引擎。”飞机迫降在索尔兹伯里。

鲁本斯多弗的梅塞施米特 110 迂回飞行，神不知鬼不觉地来到马特雷汉姆的皇家空军基地。枪手把飞机跑道打出一片弹坑，几座建筑物也毁于一旦。他们返回基地，重整装备，加满油，前往肯雷的重要战场。鲁本斯多弗在伦敦市郊迷失了方向，他的飞机误炸了克罗依登的民用飞机场。一些炮弹落在附近的房子上，62 名市民遇害。一群皇家飓风式战斗机闻讯赶来，他们在低空追捕鲁本斯多弗。鲁本斯多弗没有看到前面的一座村舍，一头撞进了肯特河岸，随即死去。3 名同行的飞行员也在格斗中被杀。

8 月 15 日那天，纳粹空军损失了大约 75 架飞机，这一天马上被命名为黑色星期四。英国飞机有 34 架被击落，16 架在地面被破坏。空中打击的范围之广，促使许多人意识到，希特勒打算越过海峡。《纽约时报》发表评论，当天发生的事件并非入侵的前奏，它就是入侵。

戈林召开的下一次会议上，他和指挥官分析鹰击行动为何出师不利，他们决定做些改动。没有战斗机护航，轰炸机只会去送死。所以，所有轰炸任务都将由战斗机护航，无论何种情况发生，战斗机都将丝毫不差地履行职责。优秀的战斗机飞行员不再有机会自由地翱翔天际，酣畅淋漓地打击敌机，或者跟敌机大玩猫捉老鼠的游戏了。加兰不无怨恨地写道：“德国战斗机发现自己十分尴尬，他们就像是被拴着链子的狗。”

梅塞施米特 110 和斯图卡的缺陷暴露无遗。戈林认识到，梅塞施米特 110 输在行动迟缓上，这时他同意用梅塞施米特 109 为 110 护航，用战斗机保护战斗机。斯图卡虽然长于大弧度俯冲和精确投弹，但它们也慢，而且易受攻击，它们将撤出战斗。第一次世界大战的传奇性人物红色男爵的表兄弟，斯图卡指挥官冯 · 里希特霍芬掩饰着内心的酸楚，说：“对英战争将以新的面貌，生机勃勃地进行下去。”

纳粹情报部门也显得越来越无能。德国人不仅低估了英国生产新型军用飞机的能力，也小看了英国人的战斗力。不仅如此，纳粹还一直没能对英国雷达引起高度重视。戈林告诉指挥官，别浪费时间打击雷达站，这样做没什么用。他的决定正中英国人下怀。情报部门又高估了他们的轰炸效果，甚至高估了他们自己，从而使德国人更加受蒙蔽。比如说鹰击行动的第一天，纳粹空军声称，他们破坏了“8 个主要飞机场”，事实上，没有一个战斗机基地瘫痪。

每天飞过海峡的人，多数都不了解实情。他们有他们的职责，有他们的飞机，有他们的吉祥物——熊、乌鸦、鹰、幼狮，有他们的烤面包。“上帝赐给我们贴着地面的晨雾，我们以飞行报偿。”天真的 18 岁小伙子格茨，于 8 月 16 日星期五，驾驶亨克尔 111 第一次执行任务。“我开火，”后来他在日记中写道，“是的，我向敌人开火。‘我瞄准他了，’我大喊，‘他突然跑了。’观测员打断我：‘别嚷嚷，闭上你的嘴！’于是我一言不发，直到回到地面。”

格茨战战兢兢地经受了战争的考验。几小时后，一对容克 88 鬼鬼祟祟地袭击牛津附近的飞机场。趁保卫基地的战斗机重整战备的时机，他们向飞机跑道降落，放低着陆轮，假装着陆表示友好。紧接着，迅速攀升，投下威力巨大的炸弹，几个飞机棚着火，64 架装满油的皇家飞机被毁。

两天后，第 2 航空部队的轰炸机飞行中队的机组人员集中在一间法国教室听候简令。该中队的 9 架道尼尔 17 被派去占领伦敦南部肯雷空军基地的路面。斯图卡式轰炸机领头，然后高空轰炸，最后由道尼尔 17 飞到树顶高度，收拾残局。总计 108 架轰炸机，由 150 架战斗机护航，打击肯雷和比金山的周边地区。这是此次战役最血腥的一天。

空军中队低空飞行，到达肯雷上空。显然，他们搞错了。空军基地的地面毫无损伤。头两批轰炸机被厚厚的云层挡住了去路，皇家飓风式战斗机从高处迎击德国入侵者。道尼尔开火，打坏了 3 个飞机棚、9 架地面上的飞机和几座建筑物。但当他们掠过去的时候，一架飞机撞上了从火箭上投下的降落伞吊着的 600 英尺高的钢缆帘幕，这是英国人当天首次采用的防御措施。道尼尔 17 被撞得粉碎。第二架也撞了上去，摔在地上。当子弹打中第三架飞机的飞行员的时候，领航员抓住了控制杆，设法使飞机回到高空，掉头向法国飞去。

另外两架道尼尔在归途中惨遭打击，掉进了海峡。4 名机组人员无法给救生艇充气，靠着救生衣在海上足足漂了 3 个小时，直到德国船只将他们救起来。其余 5 架飞机接连受伤。导航员坚持驾驶轰炸机，最后还是坠落了。着陆后，飞行员阵亡。一名机组人员试图描绘差一点干扰飞机的无线电波，但多疑的军官认定他是被战斗搞得精疲力竭了。

加兰指挥的战斗机中队参与了当天的行动，加兰本人却在前往空军总部的途中，那地方将被戈林装饰一新。

加兰的副官舍普费尔代替他指挥战斗。梅塞施米特 109 奔赴肯雷战场，途经坎特伯雷。舍普费尔副官立下了汗马功劳。他发现一群飓风式战斗机在下方排成 V 字形编队，德国人称之为“香蕉串”。舍普费尔背向太阳斜冲过去，第一次扫射就打下了两架英国战斗机。接着，他飞到第三架背后，很快把它撕得粉碎。然后是第

纳粹空军让飞行员买这种较宽松的皮夹克（左），坐在梅塞施米特 109 的狭小座舱里。飞行的时候是不戴军官帽的，出发前丢给地勤人员。

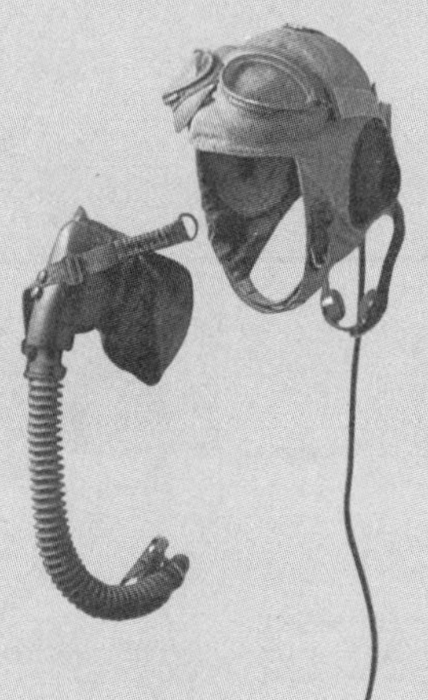

上图的飞行员头盔没有衬里，配有完整的耳机、喉部话筒和护目镜。当时有各式各样的护目镜。面具是用来供氧的。

老兵的飞行服

戈林 1940 年派往英国的航空部队装备精良，且经历了近一年的战争考验。纳粹空军老兵，无论是打扮花哨的战斗机飞行员，还是较为朴素的轰炸机飞行员，都发了出于实用、安全和格斗需要而设计的结实服装。经验使飞行员更加坚强，使他们的机器更加完备。纳粹空军举办技术竞赛，推广了新型军用飞机和现有飞机的更新换代型，以满足战争扩大的需要。

1940 年，袭击英国的轰炸机机组人员就身穿这种轻便的夏季飞行服和有羊毛衬里的皮靴。这件肥大的丝棉救生衣是轰炸机和运输机机组人员的标准服装。

容克 88A—5

对英战争中，容克 88 型及时地大量推广，成为德国最通用的机型。它是纳粹空军速度最快、最灵活的轰炸机，被当作水平轰炸机对付水上船只，也被当作远射程斯图卡式轰炸机。

亨克尔 111H—3

工程师给 H—3 装上了马力更大的引擎，把炸弹承载量增大到 4410 磅。有个机组人员：飞行员、投弹手，再加上名枪手。防御武器是7杆7.9毫米口径的 MG15 型机关枪。

梅塞施米特 109E—4

德国 1940 年最好的战斗机型，改进了座舱座位和飞行员头顶的装甲板。本想安上可随意使用的胶合板油箱，以加大飞行距离，后来告以失败。

新一代军用飞机

1940 年袭击英国的飞机一律涂成伪装色绿色。为了辨认个别飞机，像亨克尔 111（右上）和容克 88（左上）这样的轰炸机都在机身两侧的十字装饰上绘上部队纹章和代号，前一部分代表航空部队，后一部分说明飞机的编号、飞行大队和飞行中队。像梅塞施米特 109 这样的战斗机既有空军大队和中队的纹章，又有几何形表征。机头罩和身份识别证上都有空军中队的专用颜色。

四架，那架飞机离他非常近，油都溅到了他的窗子上。两分钟内，他击落了整整 4 架飞机。

南面的 4 个斯图卡飞行大队空袭海岸线上的飞机场，后来人们才知道，这是斯图卡式轰炸机的告别演出。喷火式和飓风式战斗机同时进攻 28 架斯图卡，击落了 12 架。里希特霍芬写道，该部队的“羽毛”，“被生生拔光”。在这个血腥的星期日，英国上空有 69 架德国飞机被毁。31 架英国飞机被击落，还有 36 架在地面被毁。

从 8 月 19 日开始，连续 5 天的坏天气把飞机挡在地面，给了对手积蓄力量的机会。皇家空军现在更需要飞行员。道丁的空军中队指挥官伤亡、撤回的比例高达 80%。接替他们的飞行员飞行时间少得只有 10 小时。纳粹空军飞行员的状况也未见得有多好。

戈林对他的空军无法破坏皇家空军战斗机感到气急败坏。他警告军官们，纳粹空军的“决定性时刻”来到了，还宣布更改战术。所有梅塞施米特 109 将被换到加来海峡的最前沿基地，以延伸飞行区域。大批轰炸机编队将由更多的战斗机护航，专门对付梅塞施米特 109 射程内的肯雷、比金山、霍恩砌奇、中瓦勒普等地的皇家空军主要基地。飞机将绕海峡顺时针飞行，其中一些是诱饵，蒙蔽雷达和疲劳的皇家空军飞行员。增加夜间袭击，目标是利物浦、伯明翰等城市的工厂。8 月 24 日，纳粹空军开始新的一轮进攻。本已受到过攻击的曼斯顿

容克 86p 的柴油引擎带有增压器，是间谍机。有一个密封舱，可以保证两名机组人员飞到 38000 英尺高空，皇家战斗机触及不到的地方。在那里飞机上的大照相机可以记录地面的飞机情况，不过他们无法分辨关键目标是战斗机基地、轰炸机基地，还是民用飞机场。

战场这回差一点被夷为平地，把那里当作基地的空军中队不得不转移。

8 月 30 日，纳粹开始了连续 5 天的进攻，它标志着德国夺取胜利的一次高潮。第一天，飓风式战斗机飞行员格利弗飞到梅德斯通 17000 英尺的上空，眺望“奇异的景象——目力所及处，是一排一排的梅塞施米特 109 正在拨云穿雾”。英国飞机场接连遭到攻击，从晌午一直持续到夜里。一个电子装备被打个正着，导致 7 个雷达站失效。比金山遭到无情打击。39 人阵亡，26 人受伤，供水系统和油管被切断，90% 战地车辆遭到毁坏，飞机棚和飞机炸得粉碎。

8 月 31 日，德国人加快了速度，出动 1450 架次，梅塞施米特 109 霸占了英国领空。入侵者又开始向比金山和霍恩砌奇发起猛攻。比金山的 3 个空军中队，有两

个不得不转移，作战指挥部被炸，只好拿乡村的小商店代替。皇家空军损失了39架飞机，是此次战争损失最大的一天。

不停歇的打仗搞得双方神经紧张，花名册改了又改。梅塞施米特109的飞行员得不到休息，连轮班都不行。第52战斗机飞行大队原来有36名飞行员，现在减少为4个。8月31日早晨，埃贝林降落在海峡，他饱餐了一顿白兰地酒和豌豆汤，半小时后才恢复元气；当天下午，又被派去执行另一项任务。皇家空军原来有1000名飞行员，现在损失了231个。奇怪的是，双方飞行员也有短暂的友情。纳粹战斗机飞行员哈恩和喷火式战斗机的飞行员格斗的时候，同时用尽弹药，他们摊开手掌，相视大笑。

现在是9月份了，皇家空军有如困兽。飞行员的补充速度跟不上损失的速度。东南部6/7的主要机场被严重破坏。由于基地上空必须不停巡逻，所以只好减少了派去阻截的空军中队的数量。比金山9月1日那天又遭受了两次轰击。现在，它3天内要受6次轰击。一架容克88打击韦布里奇附近的一家工厂，杀了88人，受伤的更是超过600人，使惠灵顿轰炸机的生产急剧倒退。

空军副元帅帕克指挥的空军部队正承受着德军的打击。他意识到，英国战斗机指挥部濒临“危险境地”。不过，如果说纳粹空军正在向胜利靠拢，戈林的荣耀之

战斗机飞行员默尔德斯（左）与加兰为了赢得对英战争中纳粹空军王牌飞行员的荣誉而竞争。最后加兰获胜。他的记录是击落57架飞机，比默尔德斯多两架。戈林给他们俩颁发了各种荣誉勋章，却遭到他们的强烈批评。他们认为，战斗机指挥官太缺斗志。

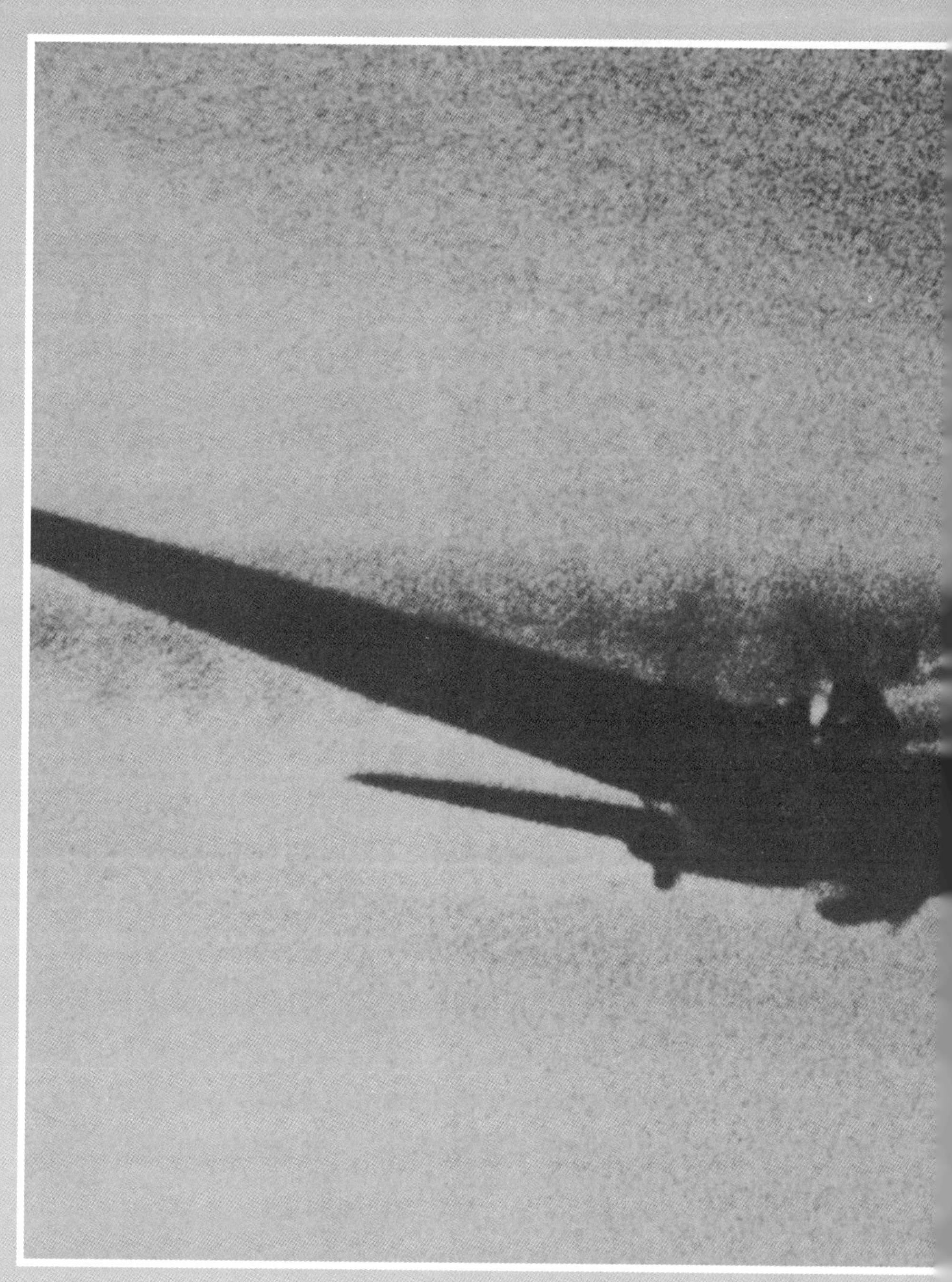

一架英国喷火式战斗机攻击德国轰炸机亨克尔 111 未果，拖着浓烟和火焰，斜着飞过去。

梦就要实现，希特勒却仍意识不到这一点。希特勒直到9月10日才决定执行海狮行动，他向约德尔将军解释说，他不满意这之前的入侵准备工作。

9月初的那几天，纳粹空军把英国人打晕了头。在几乎所有高级将领的拥戴下，希特勒做出了改变战争进程的决定：他决定抛开皇家空军的机场，转而向伦敦投放轰炸机。纳粹军官早在夏天就倡议向伦敦施以令人恐怖的轰炸，以便引诱皇家战斗机投入战斗，却遭到希特勒的否决。8月底发生的一系列事件改变了他的想法。8月25日午夜，一架德国飞机单独进攻目标，却碰巧将炸弹投在了伦敦市中心。虽然伤亡较轻，破坏也不严重，但丘吉尔下令报复。第二天夜里和随后的几夜，皇家空军轰炸了柏林。通讯员席尔从德国首都报道，柏林人震惊了——“这还是头一次，战争打到了家门口。”

希特勒要报仇。他以私人名义下令空军对伦敦实施阶段性报复性轰炸。9月4日，在柏林的演讲中，他宣布改变战术。如果英国人向他的祖国投掷3000～4000公斤炸弹，德国人会向英国投下“300万、400万公斤甚至更多炸弹”。“一旦他们宣称猛烈攻打我们的城市，我们将把他们的城市消灭殆尽。我们将阻止这种强盗行径，上帝保佑我们！”

希特勒发表演说的前一天，戈林在海牙征求指挥官对攻打最新目标的意见。一向乐观的凯塞林认为英国

地勤人员手持信号旗，送一架容克88执行夜间任务。容克88白天比不上喷火式战斗机，但夜幕的笼罩可以使它免受英国战斗机的袭击。

的战斗机部队都已经被结果了，纳粹轰炸机可以非常安全地轰炸伦敦。愁容满面的斯佩勒没有那么自信，根据他的计算，皇家空军还有1000架可以服役的战斗机（实际数字是750架）。戈林站在凯塞林和希特勒那一边。空袭伦敦的行动将根据瓦格纳的戏剧《莱茵河的黄金》中的火神而取代号Loge。

一些纳粹空军指挥官感到，领导人正在犯下极大的错误。奥斯特坎普极其反对放弃眼看着要赢的游戏，“我又愤怒又失望，热泪盈眶，”他后来写道，“在这胜利的关键时刻，我眼睁睁地看着打击英国战斗机的决定性战役因为轰炸伦敦而停止。”

9月7日下午，戈林和凯塞林站在格里内角的悬崖上俯瞰海峡，他们看见，有史以来装备最好的雄伟的空军大队呼啸着飞过海岸线，直向英国首都。他们一架连着一架，共1000架，覆盖了两英里高，方圆800平方英里的天空。战斗机和轰炸机的比例为2：1。许多飞机上都有标志——龙、鹰头、鲨鱼的牙齿和霹雳闪电，在阳光下熠熠生辉。加兰的机翼上画着一只叼雪茄的米老鼠，他相信决胜的时刻终于来到了。他回忆，每个人“都感到这一时刻的重要性”。

一批轰炸机以不寻常的高度——16000～20000英尺——向西飞到泰晤士河口。另一批从南而来，经过肯特、萨塞克斯，到达伦敦。皇家空军指挥官忧心忡忡地在地图上跟踪入侵者的路线。他们以为德国人会分头前

（左图）皇家空军8月29日轰炸德国首都过后，柏林人拥挤在克罗伊茨堡一条铺满碎石的路上，察看被炸的

一排商店。（上图）为了报复，纳粹轰炸机9月7日轰炸伦敦，300多人被炸死，伦敦塔桥附近，方圆几英亩的泰晤士河码头被毁。

往各处的轰炸机基地，等他们意识到伦敦才是目标，为时已晚。第一批入侵者痛快地向泰晤士河码头、工厂、大仓库投下了3600枚炸弹。火光冲天，满目疮痍。一名典狱官说："整个血腥的世界都在燃烧。"后来道丁和帕克才派出21个空军中队前去救援。

一名纳粹飞行员从高处目睹了伦敦的毁灭过程，他

简直不敢相信伦敦还会幸存。首都“更像是一片废墟”，轰炸机机组人员李斯克写道:“我确信，我是最后一个看见伦敦的人。一二十年以后，历史书将写上，‘1940 年 9 月——伦敦的毁灭’。”轰炸持续到夜里，3000 名伦敦人惨受伤害。英国指挥官断定，他们一直担心的海空侵略行动终于就在眼前。部队进入一级战备状态，表示“侵略迫在眉睫，可能就在 12 小时之内”。

空军副元帅帕克是少数认识到德国人转换攻击目标的人。尽管轰炸伦敦对市民造成了极大恐慌，对英国来说却是天赐良机。9 月 8 日，帕克乘坐飓风式战斗机巡视伦敦，他盯着燃烧着的残垣断壁，心中感激不尽“因为我知道，纳粹以为他们把我们的战斗机基地都破坏殆尽了，才转移目标，其实他们错了。”事实上，由于停止了对英国地面的战斗机的破坏，皇家战斗机指挥部得以幸存。

帕克把一些空军中队转移到海峡附近，便于更迅

（左图）纳粹空军的机组人员把250公斤重的炸弹绑在梅塞施米特109的腹部，临时改装成战斗轰炸机。1940年9月，戈林下令做这样的改装，以保存轰炸机的实力，用于对英国城市的夜袭行动。（右图）另一个办法是，一支梅塞施米特109中队沿海岸飞行，希望能引诱一群英国战斗机上钩。

速地拦截纳粹飞机。9月9日，这一机动措施立竿见影。当天，喷火式和飓风式战斗机迫使轰炸伦敦郊区的一支德国分遣队返回坎特伯雷。凯塞林的第2航空部队9月11日和14日白天猛烈轰炸伦敦；斯佩勒的第3航空部队夜间出动。希特勒同时决定搁置海狮行动，他还想给空军最后一次机会。

9月15日清早，下起了毛毛雨。近午时分，天空

转晴。英国雷达马上监测到了又一支德军编队飞过加来海峡。皇家空军从德国广播里监听到，袭击将分两大部分。因为有温斯顿·丘吉尔在左右，帕克及时派出战斗机，把德国空军编队拦截在英国海岸。经过一番厮杀，几十架飞机坠毁。当天，南部农村上空有 300 架喷火和飓风式战斗机，与德国 400 架战斗机和 100 架轰炸机搏斗。纳粹空军飞行员从没一次见过这么多的皇家空军飞机。

“英国人的战斗机铺散开来，像一片大森林，”道尼尔 17 无线电通讯员灿德尔回忆，“他们向我们不停扫射，直到弹药用光为止。头上，脚下，到处都是他们的人。”皇家空军强有力的抵抗分散了敌人在打击目标上投入的力量。子弹把灿德尔的飞机打成了筛子，座舱里鲜血四溅。他的轰炸机大队慌忙撤回，“每个人都只求保住性命，赶快回家”。

皇家空军的地勤人员赶在第二批德国飞机下午两点钟到来之前，给飞机加油，重整军备。抵抗者再一次设法阻止了轰炸机到达伦敦。不过，白金汉宫被击中，只是皇室成员安然无恙。纳粹的战斗机受命紧紧地贴在轰炸机左右，被捆住了手脚，行动迟缓。“我们只能为了干扰敌人而小范围开火，”梅塞施米特 109 飞行员奥斯特曼记得，“有时我们只能眼看着英国大兵把我们的轰炸机送进地狱。”德国情报部门不中用，却要飞行员接受敌人的惩罚，这着实令人丧气。许多德国飞机上的人都士气低迷。轰炸机把他们的载荷倾倒在英国农村，起程返航。加来向“英勇不屈的”敌人敬礼。另一名梅塞施米特飞行员绘声绘色地说：“我们第一次感到力量薄弱。”甚至柏林指挥部当晚都赞誉皇家空军“是非同寻常的强大对手”。坚强的抵抗者当天破坏了 56 架纳粹的飞机，自己只损失了 27 架。

这次行动是战斗的高潮部分。丘吉尔称 9 月 15 日是“巅峰日”，全英国都把它当作英国战斗日来庆祝。皇家空军还没有控制住自己的领空，进攻还要持续几个月，但纳粹空军也没能赢得对海狮行动至关重要的空中优势。“我们不能一直这样下去。”凯塞林对戈林说。两天后，希特勒再次推迟海狮行动，“除非另行通知”。日间的袭击行动持续到 10 月，但他们再没达到 9 月 15 日的辉煌。10 月 10 日，希特勒干脆取消了海狮行动计划。10 天后，戈林下令停止对伦敦的日间袭击。袭击的重点转移到夜间。整个秋天，纳粹空军一刻不停地发起夜间空袭——闪电战。目标不光是伦敦，还有利物浦、曼彻斯特、布里斯托尔、考文垂等其他城市，妄图把英国人打垮。

战争断断续续地打到 1941 年春天，这都怪 1940 年仲夏的失利。希特勒对在英吉利海峡上空飞行失去了兴趣。9 月下旬，加兰在泰晤士河口打下了第 40 架飞机，被召回柏林再次接受表彰。戈林邀请加兰去他在东普鲁士的狩猎小屋。纳粹空军司令官戈林身着小山羊皮猎装和丝绸衬衫，告诉加兰，作为特别奖赏，他将可以打为戈林留着的“皇家”牡鹿。加兰毕恭毕敬地表达了他的感激之情。但有一件事情令他困惑：戈林整个晚上只字不提对英战争。

生离死别

“我们能活多久？”18岁的德国飞行员第一次执行英国上空任务的当天早晨，在日记里问自己，“上帝啊，在我被打下来（如果命该如此的话）之前，让我飞过海峡一两次。”这位年轻的轰炸机机组人员有理由如此听天由命，忧心忡忡。1940年8月16日是他战斗的第一天，这时的对英战争正在升温，他的飞行员伙伴们已经有上百个死去。就在前一天，纳粹空军还损失了76架飞机。也没有迹象表明，被他们看作囊中之物的英国皇家空军战斗机在空中被四处追击。反倒是德国轰炸机的防御装备——4～5支7.92毫米轻型机关枪——在抵抗成群结队的英国喷火和飓风式战斗机的时候，越来越显得捉襟见肘。更糟的是，战斗机护航队也无法为轰炸机提供可靠的保护。梅塞施米特110又大又笨，打不过轻便的喷火式战斗机；109式精于格斗，却只能装88加仑的汽油，极大地限制了飞行距离。它们总是不合时宜地返回法国基地，把行动缓慢的亨克尔111、道尼尔17和容克88留在敌人的枪口之下。“可怜的小羊羔。”空军新兵活着执行完第一次任务后，这样称呼它们。

在地面人员的帮助下，4名容克88机组人员费力地穿上肥大的飞行服、紧身军裤、丝棉救生衣和降落伞包。他们即将奔赴英国进行日间空袭。飞机的标志说明，它属于德占巴黎附近的轰炸机基地的第51战斗机飞行大队。

右图，容克 88 的无线电兵和枪手蜷伏在转盘式机枪旁，转录刚刚接到的消息。右边的远处，一架英国战斗机机翼上的照相机拍下了射向一架亨克尔 111 的子弹轨迹。右下方是另一架亨克尔 111 引擎中弹着火，冒着黑烟坠下去。

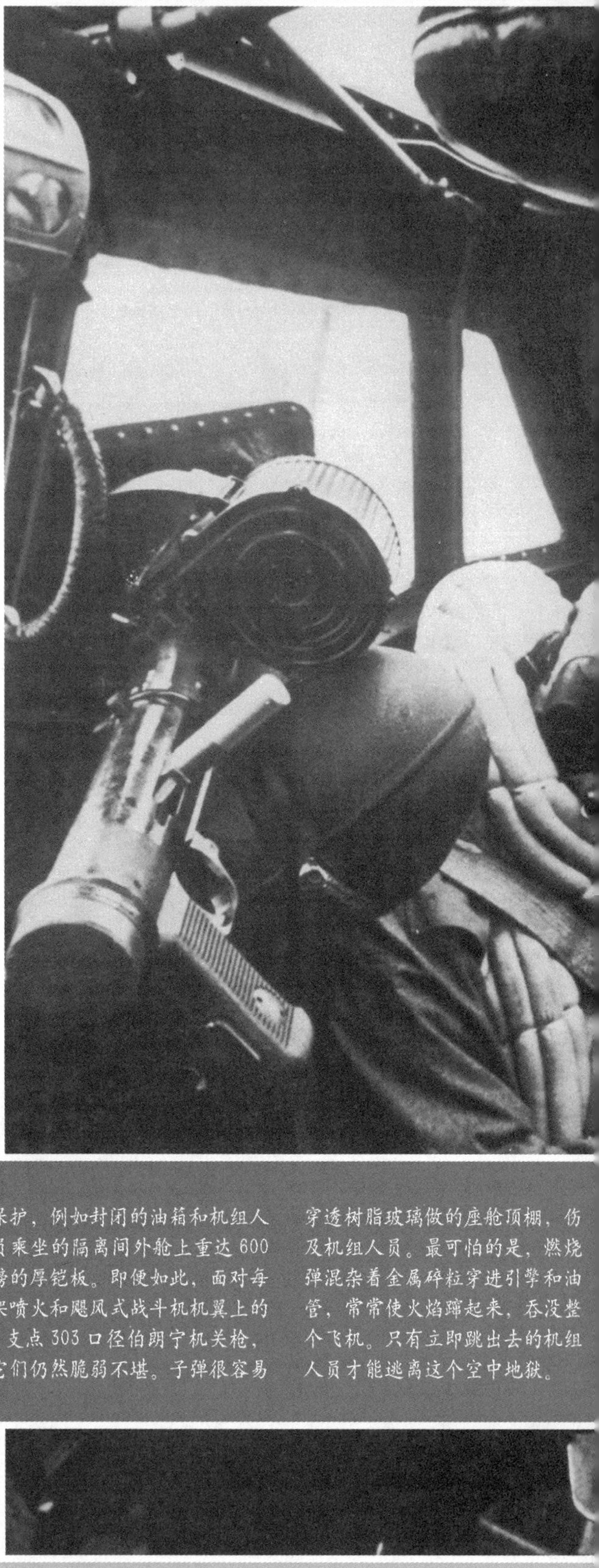

容易上钩的猎物

德国轰炸机上的机枪“只起壮胆作用”，王牌飞行员加兰嘲弄地说。轰炸机用别的办法加以保护，例如封闭的油箱和机组人员乘坐的隔离间外舱上重达 600 磅的厚铠板。即使如此，面对每架喷火和飓风式战斗机机翼上的 8 支点 303 口径伯朗宁机关枪，它们仍然脆弱不堪。子弹很容易穿透树脂玻璃做的座舱顶棚，伤及机组人员。最可怕的是，燃烧弹混杂着金属碎粒穿进引擎和油管，常常使火焰蹿起来，吞没整个飞机。只有立即跳出去的机组人员才能逃离这个空中地狱。

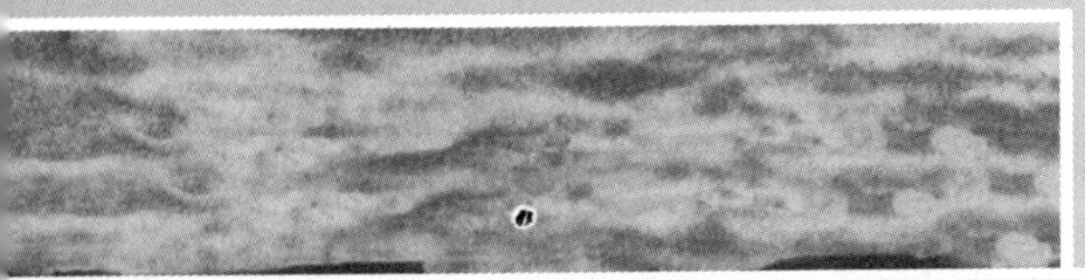

坠入冰冷的大海

德国飞行员既害怕被困在燃烧的飞机里，又害怕飞机掉进英吉利海峡。他们发明了一个名词，叫海峡综合征。“海水或者喷火式战斗机，一个就够受的了，”战斗机飞行员纽曼埋怨，“两样都来的话，就太惨了。”

一架坠落的飞机能在海面上浮最多60秒。机组人员很快就会发现自己浸泡在刺骨的海水里，救生衣（如果他们来得及充气）或小舢板撑着他们在海上漂浮。这时，他们只能坐等救援。有时是从海峡那边看见他们，才出发救援；有时是报废的亨克尔59水上飞机来救他们。在海里泡上4个多小时，是对飞行员判的最恐怖的死刑。

从法国海岸用长镜头拍下的一组照片中，一架梅塞施米特110的引擎（左上）冒着黑烟，偏离轨道，一头扎进海峡（左下）。一名机组人员被困在座位上，另一名在飞机沉没之前，把他拉了出来。他们都获救了。

基地在比利时的一架道尼尔 17 轰炸机在英国南部的福克斯通岸上燃烧，之前，它遭到皇家飓风式战斗机的追击。这是 1940 年 8 月 31 日。飞机爆炸之前，4 名机组人员全部逃脱。英国大兵把他们监禁起来。

少数幸运的俘虏

战争持续到 9 月份。大批德国飞机撞在英国南部郁郁葱葱的乡村土地上。有时飞行员打开降落伞，落在地面；更多的是飞机腹部着陆，摔在地上，然后连滚带爬地逃离失事飞机。幸存者很快被地方警察、士兵或偶尔被扛着干草叉的农民俘虏。

战俘的待遇极好。伤员即刻送到医院，剩下的安排在临时准备的废工厂、旅馆甚至私人住宅里。一些趾高气扬的战俘指望希特勒按预定计划越海入侵，随时解救他们。其余的人垂头丧气，他们在审讯中发现，英国皇家空军的情报军官对纳粹空军的行动了如指掌。“我很惊讶，他们怎么这么了解我们，”一名飞行员回忆。很多人更加伤心地登上前往加拿大战俘营的舰船，那里离家 3000 多英里。

德国士兵快步跑到落潮的法国海滩上，解救梅塞施米特109上的飞行员。飞机刚刚强行着陆在水边（右上角）。如果飞行员已经受伤，或者着陆时撞晕了，这时，速度就非常关键了。油箱的烟很危险，随时会引起爆炸。

空手而归

有时候，受了伤的飞机还能越过海峡，但是在法国海岸强行着陆不是件保险的事情。一名飞行员对此的反应十分典型：“只要闻到汽油燃烧，我就尽快跳出去。我可不想待在里面等着飞机爆炸。”

诺曼底的海滩上，飞机强行着陆，发出吱吱嘎嘎的噪音，成了家常便饭。加兰执行完任务后，看见他所在中队的5名飞行员平降在沙滩上。更多时候，飞机耗尽燃料，领着行动迟缓的轰炸机返航。“我们责备轰炸机和我们的领导人，”加兰说，“一个又一个的同伴从我们的队伍中消失了。”

图书在版编目 (CIP) 数据

闪电战 / 美国时代生活编辑部编；莫竹芩译．--
修订本．-- 海口：海南出版社，2015.1（2022.7 重印）
（第三帝国）
书名原文：The third reich:Lightning war
ISBN 978-7-5443-5806-4

Ⅰ．①闪… Ⅱ．①美… ②莫… Ⅲ．①德意志第三帝国－史料 Ⅳ．① K516.440.6

中国版本图书馆 CIP 数据核字 (2014) 第 271455 号

第三帝国：闪电战（修订本）
DISAN DIGUO：SHANDIAN ZHAN（XIUDING BEN）

作　　者：美国时代生活编辑部
译　　者：莫竹芩
选题策划：李继勇
责任编辑：张　雪
责任印制：杨　程
印刷装订：北京兰星球彩色印刷有限公司
读者服务：唐雪飞
出版发行：海南出版社
总社地址：海口市金盘开发区建设三横路 2 号
邮　　编：570216
北京地址：北京市朝阳区黄厂路 3 号院 7 号楼 102 室
电　　话：0898-66812392　010-87336670
电子邮箱：hnbook@263.net
经　　销：全国新华书店经销
版　　次：2015 年 1 月第 1 版
印　　次：2022 年 7 月第 2 次印刷
开　　本：787mm×1092mm　1/16
印　　张：14.25
字　　数：180 千
书　　号：ISBN 978-7-5443-5806-4
定　　价：45.00 元